당화주역
(唐畵周易)

최병두 편집
허시성 엮은이

明文堂

발간사

　주역(周易)은 자연과 인간의 삶에 대한 이야기입니다. 사람은 누구나 자연과 더불어 살아가고 있는데 이러한 현상과 법칙에 대해 설명한 글이 주역이라고 할 때 결국 사람은 누구나 주역의 이치 속에서 살아가고 있는 것입니다.

　주역은 미래를 여는 학문입니다. 아무리 올바른 길을 가려고 해도 미래가 어떻게 전개될지 예측치 못한다면 그에 대비할 수 없기 때문입니다.

　현대 인류는 고도로 발달된 물질문명의 풍요 속에 살고 있지만 늘 위기와 불안 속에서 자신이 나아갈 수 있는 정신적 힘을 찾지 못하고 있습니다.

　하루도 오전이 지나면 오후가 되고 일 년도 봄, 여름이 지나면 가을, 겨울이 찾아오듯이 이 지구의 시간도 바뀌고 그 속에서 우리도 늘 변하고 있습니다.

　천지자연의 현상이나 인간의 운명은 일정불변(一定不變)한 상태를 항시 지속(持續)하는 것이 아니고 항상 유동(流動)되어 바뀌는 원리가 필연적인 것입니다.

이 책은 추정 최병두(秋汀 崔秉斗) 선생이 일제 시대 때 지은 것인데 주역의 점을 근본으로 해서 연구하여 그 시대에 맞게 풀어 놓은 것입니다.

괘(卦)는 64괘이므로 주역 점은 예순네 가지이나 인생의 복잡한 현실을 고려하여 점사(占事)를 1,162가지로 나눈 것이 이 책의 큰 특징입니다. 당화주역의 점법(占法)은 거슬러 올라가면 당나라 때부터가 아닌가 생각합니다. 누가 제멋대로 점법과 점사를 만든 것이 아니고 이 계통의 달인(達人)들이 연구에 연구를 거듭하여 서로 전한 것이 현대까지 내려온 것입니다.

육효(六爻)도 주역의 64괘를 사용하지만 주역과는 별개로 독창적인 이론으로 발전을 거듭하여 지금까지 전해져 오는 것입니다.

주역은 천지가 돌아가는 이치를 담은 책이면서 점서(占書)이기도 합니다.

점서이기도 하여 진시황의 분서갱유(焚書坑儒) 사건 때 유교 경전은 다 불탔지만 주역은 살아남았습니다. 주역을 점서로만 취급하는 것은 대단히 어리석은 일이고, 그렇다고 오묘한 경전으로만 여기는 것도 주역의 능력을 한정시키는 것입니다.

복희팔괘(伏羲八卦)는 천도(天道)를 밝혔고
문왕팔괘(文王八卦)는 인도(人道)를 밝혔으며

정역팔괘(正易八卦)는 지도(地道)를 밝혔습니다.

김일부 선생이 정역을 세워 이제 곧 후천개벽을 해 이 지구에 앞으로 5만 년 동안 후천 세상이 열리는 것을 이론으로 체계화했습니다.

이것이 주역의 근본이 되는 이치입니다.

그러나 고대의 한국, 중국의 역대 왕들, 선비들이 다 점(占)을 하였으므로 주역이 점서이기도 한 것입니다.

산수몽괘 괘사전에 '처음 점을 치면 길흉을 알려주지만 두세 번 반복해서 치면 어지러워진다. 어지러워지면 알려주지 않는다.' 라고 했습니다.

상황이 변화하면 두세 번 점을 할 수 있지만 그렇지 않으면 한 번만 점을 쳐야 합니다.

이 책이 일제 시대의 생활상을 담고 있어 현대에는 맞지 않는 부분이 더러 있으나 근본이 되는 이치는 바뀌지 않으므로 폭넓게 받아들이면 되겠습니다.

부처님과 한얼님께 기도하고 선(禪) 수행으로 인한 지혜와 고요한 마음으로 매사에 올바른 처신을 해나가되 어려운 난관에 부딪쳤을 때 이 책의 지혜로 현명하게 대처했으면 하는 바램입니다.

경인년(庚寅年) 시원한 처서절에
정연 합장

머리말

　이 책은 추정 최병두(秋汀 崔秉斗) 선생이 지은 것인데 선생의 독창적인 저술이 아니고 중국 진나라와 당나라 때의 그 유명한 곽박 선생과 이순풍 선생의 책을 연구하여 출판한 것입니다.
　추정 선생에 관해서는 일제 시대 때 분으로 거의 알려진 바가 없고, 옥추보경을 편집하고 자신의 주석을 더하여 활자본으로 출간한 바가 있습니다.
　옥추보경 서문과 주석의 내용을 보면 선가(禪家)의 안목으로 풀이하여 문자(文字)만 깊은 것이 아니고 도(道)를 통한 도인이 아닌가 생각합니다.

　우연히 조선불교월보(朝鮮佛教月報)에 실린 '환본심현묘성론(還本心現妙性論)'이란 제목으로 실린 논설문을 얻어 보았는데 글의 내용이 상당히 깊고 호대(豪大)하여 불교의 조예가 탁월하였습니다.
　당화주역(唐畵周易)이란 책이 세상에 여러 권 나와 있지만 전부 당사주를 얘기한 것입니다. 그리고 이름만 당화주역이고 사주를 말한 책뿐입니다.
　조선 시대에도 당화주역이란 책이 있었으므로 추정 선생이 새로 지은 제명(題名)이 아닙니다.

진나라와 당나라 때의 곽박 선생과 이순풍 선생께서 지은 책이 당화주역이며, 전해지고 전해져 지금에까지 내려온 것이라고 생각합니다.

이 당화주역의 점(占)은 아무런 지식이 없어도 괘(卦)를 얻어 점사(占事)를 얻을 수 있습니다. 누구나 다 점을 칠 수 있는 것입니다.

부처님을 모신 사람은 부처님께 기도하고, 신(神)을 모신 사람은 신께 기도하여 진정한 피흉추길(避凶趨吉 : 흉함을 피하고 길함을 좇음) 하는 태도가 우선이며, 그다음이 보배로운 책의 점사로 그러한 길로 나아갔으면 하는 바램입니다.

올바른 괘가 나오지 않았다고 마음에 들지 않아 두 번, 세 번 점치지 말고 차분한 마음으로 정성껏 괘를 얻었으면 합니다.

워드 작업과 교정 작업을 한 가람이와 선재에게 고마움을 표합니다.

경인년(庚寅年, 2010년)
계룡산 아래에서 허시성 합장

서문

　옛적에 복희, 대우, 문왕, 주공, 공자는 오대 성인이시라.
　위로 천문(天文)을 통하시고, 아래로 지리(地理)를 달(達)하시며, 중(中)으로 인간을 살피사 음양오행과 춘하추동 사시(四時)의 순환하는 이치를 따라 팔괘(八卦)를 내시고 사상(四象)을 벌이시며 역리(易理)를 밝히시었다.
　이후로 많은 성현군자가 서로 이어 현묘한 이치와 정대한 묘법을 전하시어 억천만 년에 다함이 없으니 후생(後生)에게 입힌 공이 막대하도다.
　이 책은 곽박 선생과 이순풍 선생이 서로 비밀히 전하시던 보서(寶書)라.

　세상에 아는 자가 드물고 전한 곳이 없는 고로 후생의 전로가 막막하더니 수십 년 전에 이순풍 선생의 비밀한 점서를 얻어 연구한 지 십여 년에 대강 그 현묘한 이치를 깨달아 64괘(卦)의 길흉화복의 이치를 선생이 전하신 대로 기록하였다.

　복잡함은 버리고 간략하게 번역하여 64괘를 나누되 1,162과(課)로 편집하니 세간 억천만사에 응(應)치 아님이 없고 미래 길흉이 눈앞에 분명해진다.

　이 책을 세상에 소개하노니 그 법이 간단하고 말이 분명하며 증험이 신령하니 지성이면 감응치 않음이 없는지라.

　비록 배움이 없는 사람이라도 이 책을 가지고 법대로 점(占)을 하면 길흉화복을 미리 알아 흉함을 피하고 길함을 좇는 보배로운 책이라.

　선택의 기로에서 우왕좌왕하다가 분명하게 길한 것을 결정하니 이 책을 깊이 간직하고 공경할지어다.

　　　　　　　　　　추정(秋汀) **최병두**(崔秉斗) 서(序)

복희(伏羲) 고대 중국의 임금인 삼황오제(三皇五帝) 중 오제의 한 분.

자연의 음양의 변화 원리를 그려놓은 것이 하도(河圖)와 낙서(洛書)이다.

지금부터 5천6백여 년 전 복희씨가 하수(河水)에서 용마(龍馬)의 등에 나타난 상(象)을 보고 그린 것이 하도이다.

또한 위로는 하늘에서 상(象)을 취하고, 아래로는 땅에서 법(法)을 취하여 조수(鳥獸)의 무늬와 땅에서 나는 물건을 관찰하여, 가깝게는 몸에서 생각하고, 멀리는 만물을 관찰하여 거기서 팔괘(八卦)를 만들었다.

대우(大禹) 고대 중국의 성군(聖君)이며 하(夏)왕조의 시조인 우(禹)에 대한 후인들의 존칭.

4천여 년 전 9년 홍수로 인해 치수 사업을 하던 우임금이 낙수(洛水)에서 신구(神龜)의 등에 나타난 상(象)을 보고 그린 것이 낙서(洛書)이다. 황하의 범람을 막고 구하(九河)와 구주(九州)를 잘 다스렸다.

스스로 절약하여 백성들의 힘을 덜어주었고, 겸양으로써 백성들을 사랑하여 태평성대를 구가하였다.

문왕(文王) 주왕조(周王朝)를 세운 성군. 후세에 유가(儒家)에서 성인으로 받들어 모셨는데 천명(天命)을 받을만한 덕을 갖추고 있었기 때문이다.

복희팔괘가 천지개벽 이전부터 정해진 자연의 이법(理法)에 따른 팔괘의 배열인데 비해, 문왕팔괘는 천지만물이 이미 생성된 후 운행하는 이법에 따른 팔괘의 배열이다. 그래서 이를 후천역이라 한다.

주공(周公) 주나라의 정치가로 문왕의 아들이며 무왕의 동생이다.
　　공자의 「논어」 술이편에 따르면 "나도 많이 늙었구나. 이토록 오랫동안 꿈에 주공을 뵙지 못하다니…" 라고 말할 정도로 주공을 흠모했던 것으로 알려져 있다.
　　팔괘의 효(爻)를 창안하여 역경(易經)을 완성했으며 주례(周禮)를 썼다.

공자(孔子) 유가(儒家)의 시조. 중국 춘추시대 노나라 사람이다.
　　공자께서 만년에 역(易)을 좋아하여 위편삼절(韋編三絶), 즉 가죽으로 묶여진 끈이 세 번이나 끊어질 정도로 숙독했다는 이야기는 익히 알려져 있다.
　　또한 주역에 십익(十翼)을 달았는데, 십익이란 주역의 단전, 계사전, … 등 주역을 해석한 문헌이다. 우주론, 본체론, 도덕론 등의 이치가 들어있다.

상통천문(上通天文) 위로 하늘의 글, 또는 현상에 통하는 것이다.
　　천문(天文)이란, 일월성신(日月星辰) 등의 천체가 우주에 분포되고 운행하는 현상이다. 모든 별들의 중심은 북극성(北極星)이고 북두칠성, 28수 등이 보좌하고 있다.

하달지리(下達地理) 아래로 땅의 이치를 통달하는 것이다.
  지리(地理)란, 천문의 이치가 땅에 그대로 내려와 땅의 법칙을 이룬 것이다.

중찰인사(中察人事) 가운데로 사람의 일들을 살피는 것이다.
  사람을 비롯한 천지만물은 천지(天地)의 기로 생겼기 때문에 천지의 이치를 통달한 다음은 사람의 인생사를 살피는 것이다. 역(易)은 천지의 이치를 나타냈으므로 군자는 큰일을 시작하기 전에 역에 물어보는 것이다.

곽박(郭璞, 276~324) 중국 진나라의 시인 겸 학자.
  유곤과 더불어 서진(西晉) 말기부터 동진(東晉)에 걸친 대표적인 시인이다.
  사주란 말은 중국 동진 시절, 곽박의 「옥조신응진경」에 처음 나온다.
  사주는 물론 풍수에도 일가견이 있었던 곽박은 '너무 귀해 비단 주머니인 금낭에 넣어 간직한다.' 고 하여 금낭경(錦囊經)이라고도 부르는 서적을 저술하였는데, 이 책에서 언급된 장풍득수(藏風得水)에서 풍수란 말도 유래되었다.
  다재다능하고 예지력이 뛰어났으나 그 시대에 인정을 제대로 받지 못했다.

이순풍(李淳風) 당나라 태종 때 천문(天文), 역법(曆法)과 도서를 관장하는 태사령이란 벼슬을 했다.

유년 시절부터 총명했고 두루 여러 서적을 섭렵했으며 천문, 역산(易算)에 정통했다.

어느 날, 금성이 환하게 비추자 당태종 이세민은 태사령 이순풍을 불러 무슨 징조인지 물었다. 이순풍은 "여자가 황제가 돼서 이씨 황손 자손들을 거의 죽일 것입니다." 라고 했다.

나중에 말 그대로 되었다. 특히 추배도(推背圖)는 당태종 때 이순풍과 원천강(遠天?)이 함께 그린 도참(圖讖:미래의 길흉을 기록한 책)의 내용을 담은 서적이다.

이 책은 도합 60폭의 그림으로 구성되어 있다.

매 폭의 그림 아래에는 모두 참어(讖語:예언의 말)가 있는데 당조(唐朝)부터 시작하여 현대의 이르기까지, 그리고 미래까지의 예언이 들어있다.

이 책에서 예측한 내용들을 지금까지의 역사와 대조해보면 예언의 정확도가 사람을 경탄하게 한다. 예언의 정확도가 놀라울 정도여서 역대의 황제들이 정권에 위협이 될 수도 있어 금서(禁書)로 만들었다.

차례

발간사 · 3
머리말 · 6
서문 · 8
점법(占法) · 18
    축원문 · 18
    상괘를 얻는 법 · 19
    하괘를 얻는 법 · 19
    주의해야 할 점 · 20
    사람을 대신하여 점(占)하는 법 · 21
    글자로 산가지를 대신하여 점하는 법 · 22
    숫자가 뜻하는 괘 · 23

● **당화주역 괘(唐畵周易 卦)**
  1. 중건천(重乾天) · 29
  2. 천택리(天澤履) · 34

3. 천화동인(天火同人) · 39

4. 천뢰무망(天雷無妄) · 44

5. 천풍구(天風姤) · 49

6. 천수송(天水訟) · 54

7. 천산둔(天山遯) · 59

8. 천지비(天地否) · 64

9. 택천쾌(澤天夬) · 68

10. 중태택(重兌澤) · 72

11. 택화혁(澤火革) · 77

12. 택뢰수(澤雷隨) · 82

13. 택풍대과(澤風大過) · 87

14. 택수곤(澤水困) · 92

15. 택산함(澤山咸) · 97

16. 택지췌(澤地萃) · 102

17. 화천대유(火天大有) · 107

18. 화택규(火澤睽) · 112

19. 중리화(重離火) · 116

20. 화뢰서합(火雷噬嗑) · 120

21. 화풍정(火風鼎) · 125

22. 화수미제(火水未濟) · 130

23. 화산려(火山旅) · 134

24. 화지진(火地晉)・138
25. 뇌천대장(雷天大壯)・143
26. 뇌택귀매(雷澤歸妹)・148
27. 뇌화풍(雷火豊)・153
28. 중진뢰(重震雷)・158
29. 뇌풍항(雷風恒)・163
30. 뇌수해(雷水解)・168
31. 뇌산소과(雷山小過)・173
32. 뇌지예(雷地豫)・177
33. 풍천소축(風天小畜)・182
34. 풍택중부(風澤中孚)・187
35. 풍화가인(風火家人)・192
36. 풍뢰익(風雷益)・197
37. 중손풍(重巽風)・202
38. 풍수환(風水渙)・207
39. 풍산점(風山漸)・212
40. 풍지관(風地觀)・216
41. 수천수(水天需)・221
42. 수택절(水澤節)・226
43. 수화기제(水火旣濟)・231
44. 수뢰둔(水雷屯)・236

45. 수풍정(水風井) · 241
46. 중감수(重坎水) · 246
47. 수산건(水山蹇) · 251
48. 수지비(水地比) · 256
49. 산천대축(山天大畜) · 261
50. 산택손(山澤損) · 266
51. 산화비(山火賁) · 271
52. 산뢰이(山雷頤) · 276
53. 산풍고(山風蠱) · 280
54. 산수몽(山水蒙) · 285
55. 중간산(重艮山) · 290
56. 산지박(山地剝) · 295
57. 지천태(地天泰) · 300
58. 지택림(地澤臨) · 305
59. 지화명이(地火明夷) · 310
60. 지뢰복(地雷復) · 315
61. 지풍승(地風升) · 320
62. 지수사(地水師) · 325
63. 지산겸(地山謙) · 330
64. 중곤지(重坤地) · 335

점법(占法)

의관을 정제하고 손을 씻으며 정결한 자리에 동향(東向)하고 단정히 앉아 분향(焚香)하고 산(算)가지 25개를 두 손으로 잡는다.

● 축원문

축왈 태세유상(祝曰 太歲有象)

○○년 ○월 ○일에 ○시(군) ○구(면) ○동(리)에 사는 ○○생 ○○○은(는) ○에 길흉을 몰라 묻사오니, 옛적 여러 대성(大聖) 대현(大賢)들께서는 강림하시고, 육정육갑신장(六丁六甲神將)과 배괘동자(排卦童子)와 성괘동랑(成卦童郎)은 일체 감응하사 상통천문(上通天文) 하달지리(下達地理) 중찰인간(中察人間) 화복(禍福) 팔팔 64괘 중에 일괘로 내리시고 384효(爻) 중에 육효(六爻)로 내리사 길흉화복을 판단케 하시옵소서.

●상괘를 얻는 법

축원문을 읽고 난 다음 두 손으로 잡은 산가지를 마음대로 두 손에 갈라 쥐고 왼손에 쥔 산가지는 상 밑에 두고, 오른손에 쥔 산가지를 상 위에 놓고 자기 나이와 상 위에 있는 산가지 수를 합하여 8로 나눈 나머지 수가 상괘가 되느니라. 나머지 수가 8이면 8로 상괘를 삼느니라.

> 예 40살이 된 사람이 상 위에 있는 산가지 16을 얻으면 자기 나이와 합하여 56이라. 8로 나누면 6×8=48이므로 8이 남으니 8이 상괘가 되느니라. 또, 30살인 사람이 상 위에 있는 산가지 수 9를 얻으면 자기 나이와 합하여 39수라. 8로 나누면 4×8=32이므로 7이 남으니 7로 상괘를 삼느니라.

●하괘를 얻는 법

상괘(上卦)를 얻은 후에 상 밑에 있는 산가지 수와 상 위에 있는 산가지를 합하여 처음과 같이 두 손으로 쥔다. 그리고 다시 축왈(祝曰),

「상괘는 얻었으나 하괘는 얻지 못하였사오니 여러 신장(神將)들께서는 바른 괘를 내려주소서.」 하고 산가지를 두 손에 갈라 쥐고 오른손에 쥔 산가지는 상 밑에 두고, 왼손에 쥔 산가지를 상 위에 놓고 점하는 날짜와 상 위에 있는 수를 합하여 8로 나눈 나머지 수로 하괘를 삼느니라.

> **예** 22일에 점을 물었는데, 22와 상 위에 있는 수가 7이면 합하여 29라. 8로 나누면 3×8=24이므로 5가 남으니 5가 하괘가 되느니라. 또, 9일에 점을 묻고 상 위에 있는 수가 14면 합하여 23이라. 8로 나누면 2×8=16이므로 7이 남으니 7로 하괘를 삼느니라. 음양술서(陰陽術書)가 음력을 주장하나니 음력 날짜로 함이 옳으니라.

●주의해야 할 점

옛적에 복희씨께서 팔괘(八卦)를 내신 후로 역대 성현 군자가 점(占)으로써 천하를 다스리시고 점으로써 평생 길흉화복을 판단하사 길함을 좇고 흉함을 피하셨느니라. 대저 사람이 세상에 처(處)하매 길흉화복이 천지 음양오행을 따라 모두 미리 정(定)한 수(數)가 있으되 사람이 미래 길흉을 알지 못하여 옛 성현전에 지성으로 점을 하면 반드시 그 정성에 감응하사 명명백백히 괘를 내리시느니라.

그러나 정성이 없이 물으면 감응치 아니하사 바로 가르치지 않으시니라. 점을 물을 때 잡된 마음을 먹지 말고 단정한 생각으로 한 가지를 묻고 여러 가지를 겸하여 묻지 말지라. 신령이 감응치 아니하시느니라.

점 묻는 사람이 두 가지 물을 것이 있으면 한 가지는 오늘 묻고, 또 한 가지는 내일 다시 물어야 하느니라. 한 자리에서 두 번 묻지 말아야 하는데 피치 못할 사정으로 두 번 묻고자 하면 한 가지는 자기가 묻고, 한 가지는 다른 사람을 시켜 점하라.

또한 점괘를 얻은 후에는 재수(財數)를 물었으면 재수만 보고, 신수(身數)를 물었으면 신수만 보고, 벼슬[求仕]을 물었으면 벼슬만 보고, 병(病)을 물었으면 병만 보라. 한 괘 중에 여러 가지가 있으나 여러 가지를 다 보지 말고 한 가지를 물은 대로 보고 두 가지도 보지 말며, 두 가지를 보려거든 다시 괘를 얻어 그 괘 중에서 찾아보아야 하느니라.

세상 사람들이 병을 물으러 와서도 신수라 하고, 재수를 물으러 와서도 신수라 하며, 송사(訟詞)를 물으러 와서도 신수라 하여 무슨 점이든지 무조건 신수라 하니, 이것은 잘못된 일이니라. 자기의 마음을 속이고 점을 함이니 신령이 바로 가르치지 아니하시느니라.

● 사람을 대신하여 점(占)하는 법

본인이 자기의 점을 묻는다면 앞의 식대로 하면 되지만 점하러 온 사람이 자기 형의 점을 할 때는 상괘를 얻을 적에 형의 나이와 합하여 8로 나누어 나머지 수로 상괘를 삼고, 하괘는 점하는 날짜와 합하여 8로 나누어 나머지 수로 하괘를 삼느니라. 부모의 점을 할 때는 부모의 연세를 합하고, 자손의 점을 할 때는 자손의 나이를 합하며, 친구의 점을 할 때는 친구의 나이를 합하면 되느니라.

하괘를 얻는 방법은 본인 점을 할 때와 같으니라.

● 글자로 산가지를 대신하여 점하는 법

별안간 점을 하는데 산가지가 없다면 글자 획수로 점을 하느니라. 전과 같이 축원문을 읽고 오른손 둘째 손가락으로 글자 한 자를 짚어 그 글자 획수를 세어 점하는 사람의 나이와 합하여 8로 나누어 나머지 수로 상괘를 삼느니라.

하괘는 왼손 둘째 손가락으로 한 글자를 짚어 그 글자의 획수와 점하는 음력 날짜와 합하여 8로 나누어 나머지 수로 하괘를 삼느니라. 한자(漢字)는 옥편을 보아 계산하고 한글은 다음과 같이 획수를 정해야 하느니라.

ㄱ:1, ㄴ:1, ㄷ:2, ㄹ:3, ㅁ:3, ㅂ:4, ㅅ:2
ㅇ:1, ㅈ:2, ㅊ:3, ㅋ:2, ㅌ:3, ㅍ:4, ㅎ:3
ㅣ:1, ㅏ:2, ㅕ:3

예 「팔」을 짚으면 9획이요, 「이」를 짚으면 2획이요, 「점」을 짚으면 7획이니라.

대저 여러 가지로 점하는 법이 다 미래 일을 알고자 함이요, 과거를 점하는 것은 아니니라.

● 숫자가 뜻하는 괘

「당화주역(唐畵周易)」에 이 내용이 빠져있어 보충합니다.

상괘의 숫자를 1을 얻으면 1은 건위천(乾爲天)이고, 하괘의 숫자를 8을 얻으면 곤위지(坤爲地)입니다. 이 괘의 이름은 상괘의 "천"자를 따고 하괘의 "지"자를 따서 "천지비(天地否)"란 괘입니다.

 1 : 건위천(乾爲天)   2 : 태위택(兌爲澤)
 3 : 이위화(離爲火)   4 : 진위뢰(震爲雷)
 5 : 손위풍(巽爲風)   6 : 감위수(坎爲水)
 7 : 간위산(艮爲山)   8 : 곤위지(坤爲地)

상괘나 하괘 모두 같습니다.

64괘의 이름이 다 달라 외워야 하지만 외울 필요는 없고, 앞의 두 자만 알면 64괘 중에서 찾을 수 있습니다. 이 수는 후천수(後天數)입니다.

다음은 이 책의 순서에 따른 64괘의 명칭입니다.

중건천(重乾天 : 상괘, 하괘가 모두 건위천인 괘상)

천택리(天澤履), 천화동인(天火同人), 천뢰무망(天雷無妄)
천풍구(天風姤), 천수송(天水訟), 천산둔(天山遯), 천지비(天地否)

택천쾌(澤天夬) 중태택(重兌澤: 상괘, 하괘가 모두 태위택인 괘상)
택화혁(澤火革), 택뢰수(澤雷隨), 택풍대과(澤風大過)
택수곤(澤水困), 택산함(澤山咸), 택지췌(澤地萃)

화천대유(火天大有), 화택규(火澤睽)
중리화(重離火: 상괘, 하괘가 모두 이위화인 괘상), 화뢰서합(火雷噬嗑)
화풍정(火風鼎), 화수미제(火水未濟), 화산려(火山旅), 화지진(火地晋)

뇌천대장(雷天大壯), 뇌택귀매(雷澤歸妹), 뇌화풍(雷火豊)
중진뢰(重震雷: 상괘, 하괘가 모두 진위뢰인 괘상), 뇌풍항(雷風恒)
뇌수해(雷水解), 뇌산소과(雷山小過), 뇌지예(雷地豫)

풍천소축(風天小畜), 풍택중부(風澤中孚), 풍화가인(風火家人)
풍뢰익(風雷益), 중손풍(重巽風: 상괘, 하괘가 모두 손위풍인 괘상)
풍수환(風水渙), 풍산점(風山漸), 풍지관(風地觀)

수천수(水天需), 수택절(水澤節), 수화기제(水火旣濟), 수뢰둔(水雷屯)
수풍정(水風井), 중감수(重坎水: 상괘, 하괘가 모두 감위수인 괘상)
수산건(水山蹇), 수지비(水地比)

산천대축(山天大畜), 산택손(山澤損), 산화비(山火賁)

산뢰이(山雷頤), 산풍고(山風蠱), 산수몽(山水蒙)
중간산(重艮山: 상괘, 하괘가 모두 간위산인 괘상), 산지박(山地剝)

지천태(地天泰), 지택임(地澤臨), 지화명이(地火明夷)
지뢰복(地雷復), 지풍승(地風升), 지수사(地水師)
지산겸(地山謙), 중곤지(重坤地: 상괘, 하괘가 모두 곤위지인 괘상)

- **축왈 태세유상(祝曰 太歲有相)**
  '기원하여 가로대 이 해의 길흉이 있으니' 라는 신명전에 고하는 글

- ○○년: 2010년도에 점을 하면 '경인년(庚寅年)'이라 하고, 2011년도에 점을 하면 '신묘년(辛卯年)' 이라 한다.

- ○○생: 1988년 생이면 '무진생(戊辰生)'이라 하고, 1994년 생이면 '갑술생(甲戌生)' 이라 한다.

- ○○에: 병(病)을 묻는다면 '병에' 하면 되고, 결혼을 묻는다면 '혼인에' 하면 된다.

당화주역 괘 (唐畫周易 卦)

1. 중건천(重乾天)

여섯 용(龍)이 하늘에 올라 조화를 부리는 괘요,
만물이 비와 이슬에 힘입어 풍등한 상(象)이라.

| 괘상(卦象) |

영웅호걸이 남아의 뜻을 세워 만민을 근심하니 제세안민(濟世安民)하는 마음을 품고 있느니라. 만민을 위하는 마음으로 인하여 지위가 높고 권세가 중(重)하니 출장입상(出將入相)하는 상이라.

| 하늘점[天時占] |

가문 때 이 괘를 얻으면 진사일(辰巳日)에 비가 오려고 하다가 다시 가물고 오곡에 손해가 꽤 있으며, 비 올 때에 이 괘를 얻으면 즉시 구름이 흩어지고 만리창공에 일월이 명랑하리라.

| 재수점(財數占) |

1, 2월에 이 괘를 얻으면 10일 이내에 횡재하고 인묘일(寅卯日)에 천금을 희롱할 것이요, 다른 때에 이 괘를 얻었으면 인오술일(寅午戌日)에 적은 재물을 얻으리라.

| 벼슬점[求仕占] |

고기가 용문(龍門)에서 노는 격이라. 벼슬에 이름이 오르고 명성이 사방에 진동하리라. 봄, 여름 간에 동남으로 귀인을 만나 벼슬이 오르고 봉급도 오르리라.

| 송사점(訟事占) |

이 재판은 오래지 않아 이기고 일이 다 흩어지리라. 만일 여름에 소송을 만나면 날짜가 길어져 속히 판결이 나지 않느니라. 남방으로 귀인을 얻으면 송사가 다 흩어지리라.

| 병점(病占) |

이 병은 두통이 있고 신열(身熱)이 있으며 마음이 서늘하고 입맛이 없으리니 동남 간으로 가 절(寺)이나 신당(神堂)에서 기도하라. 병든 지 오래면 불길하고 병이 오래지 않았으면 즉시 나으리라.

| 태점(胎占) |

처음에는 여자아이를 낳고 다음은 사내아이를 낳는 괘라. 만약 사내아이를 먼저 낳으면 기골이 장대하고 위인이 심히 거룩하나 마침내는 불길하리라.

| 혼인점(婚姻占) |

세 사람이 중매를 서나 성사되기 어렵도다. 그러나 신부의 아름다움은 뛰어나도다.

| 대인점(待人占) |

한 사람이 홀로 행하는 상이요, 동행이 있어도 중간에서 흩어졌도다. 9월이나 9일에 소식이 있어 돌아오리라.

| 출행점(出行占) |

　단신으로 원행(遠行)은 불길하고 서너 명과의 동행은 길하도다. 서방을 향하면 중도에서 손해가 있으리니 조심하라.

| 실물점(失物占) |

　서남쪽으로 가면 절이나 묘가 있고 그 앞에 길이 있느니라. 길 옆에 두 사람이 있거든 물어보면 잃어버린 물건을 찾으리라. 만일 그릇을 잃었으면 집안의 나무와 돌 사이를 찾으라.

| 매매점(賣買占) |

　이 물건은 근본적으로 이익이 박하느니라. 북쪽이나 서북 간으로 매매가 길하고 술해일(戌亥日)에 교환이 대길하니라.

| 경영점(經營占) |

　사람의 주선하는 일이 속히 이르지 못하여 답답하기 측량없도다. 그러나 5, 6월이 되면 우연히 귀인을 만나 대길하리라.

| 가택점(家宅占) |

　전후로 인가가 있어 문이 서로 마주보고 있으니 마땅히 불을 조심해야 하리라.

| 사람 찾는 점[尋人占] |

동남방에 있고 진술일(辰戌日)이 되면 길 가다 만나리라.

| 계약점(契約占) |

문서는 비록 좋으나 서로 마음이 합하지 못하도다. 대귀인이 주장하지 않으면 성립하지 못하리라.

| 신수점(身數占) |

금년 신수는 3월은 대길하여 재수가 좋고, 여름에는 구설이 분분하며, 가을은 평탄하고, 겨울에는 구름이 흩어지고 명월이 밝은 상이라. 5월에 남의 말을 듣지 말고 조심하라. 벼슬을 하는 사람은 진급하고, 장사하는 사람은 요동하지 말며, 농사하는 사람은 평탄하리라.

2. 천택리(天澤履)

호랑이 꼬리를 밟은 괘요,
편안한 중에 위태함을 막을 상이라.

履澤天

리 퇴 련

| 괘상(卦象) |

　앉지 못하고 서 있어 편치 않으니 마땅히 마음을 조심하여 정성으로 하라. 몇 번 놀라고 험함을 지낸 후에 길한 일이 돌아오리라. 처음에는 흉하지만 나중에는 길한 상이라.

| 하늘점[天時占] |

　구름이 흩어지고 비가 그치니 청명한 기운이 오래갈 것이요, 비록 한때 비가 오나 곧 갤 것이니라.

| 재수점(財數占) |

　산에 올라 바다에서 나는 것을 구함이라. 헛되이 심력을 쓰지 말고 때를 기다리라. 겨울철이 되면 길하고 혹 물가에서 구하면 여의하리라.

| 벼슬점[求仕占] |

　고기가 물이 없도다. 외로운 객(客)이 심산궁곡으로 들어가 길이 막히고 사방으로 태산준령이 둘러싸고 있다. 벼슬하는 사람은 집으로 돌아가리니 벼슬을 구하지 말라.

| 송사점(訟事占) |

　남의 허황한 일로 공연히 구설이 많도다. 가을바람이 불면 무

사하고 신유일(申酉日)이 되면 편안하기가 태산 같으리라.

| 병점(病占) |

풍(風)이 겸하여 병 증세를 측량할 수 없도다. 동방으로 큰 나무 아래에 목매달아 죽은 여자 귀신이 덤벼든 것이니 서쪽으로 가 기도하면 길하리라.

| 태점(胎占) |

여자아이는 불길하고 남자아이를 낳으면 길하나 아이와 어머니가 상극(相克)하도다. 아이를 낳으면 두 부모를 모시게 하여야 길하리라.

| 혼인점(婚姻占) |

이 신부는 서너 번 개가할 팔자니, 외로운 데다 몸이 약하여 흉한 상이라.

| 대인점(待人占) |

기다리는 사람이 물에 다다라 배가 없어 돌아오지 못하는 괘라.

| 출행점(出行占) |

봄철 산에 꽃이 만발하니 벌과 나비가 날아드는 상이라. 멀리 귀인이 있어 봄과 여름 사이에 도움을 입어 가을, 겨울에 대길하여 수중에 만금을 희롱하는 괘라.

| 실물점(失物占) |

물건을 찾지 말라. 도리어 해를 보리라.

| 매매점(賣買占) |

축일(丑日)과 신유일(申酉日)에 큰 이익을 보나 모름지기 시비를 미리 방비하라.

| 경영점(經營占) |

인일(寅日)이나 묘일(卯日)에 기쁜 소식이 있으리라. 선흉후길(先凶後吉)한 괘라.

| 가택점(家宅占) |

집안에 일을 방해하는 사람이 있으니 조심하라. 그렇지 않으면 살기가 집에 비쳐 길한 것은 가고 흉한 것은 오도다. 재물이 흩어지고 사람이 감할 괘라.

| 사람 찾는 점[尋人占] |

사방으로 두루 찾으나 만나지 못하는 괘라. 헛되이 심력을 소모하리라. 도리어 다른 사람의 소식을 들으리라.

| 계약점(契約占) |

그 사람의 마음을 측량하지 못하리라. 흉계가 백출하니 조심하라. 겉은 옳으나 속은 흉하도다. 구설과 재앙이 있는 괘라.

| 신수점(身數占) |

금년 신수는 길하다. 집안에 식구가 더하리라. 손님이나 아랫사람의 액이 있을 것이니 서방으로 기도하라. 봄에 집안이 소란하고 이사할 수라. 처자궁이 산란하여 기러기가 짝을 잃은 상이라. 멀리 길을 떠나면 액이 사라지고 마음먹은 대로 되리라. 귀인상이 비쳤으니 겨울이 대길하리라. 좋은 때를 기다리라.

3. 천화동인(天火同人)

고기가 물을 좇아 바다에서 노는 괘요,
두 사람이 금을 나누는 상이라.

卦人同火天

괘 인 동 화 텬

| 괘상(卦象) |

7월 장마 중에 구름이 걷히고 푸른 하늘에 해가 나타남이라. 만물이 풍등할 징조이니 부지런히 농사에 힘쓴 후에 발복하리라. 길성이 비친 여인이 꽃을 들고 치하하니 기쁜 일이 일어나지만 경사스러운 중에 근심이 있으니 이를 대비하라.

| 하늘점[天時占] |

하루만 비가 오면 내일은 개리라. 바람이 솔솔 부니 날씨가 쾌청하리라.

| 재수점(財數占) |

비단옷을 입고 고향에 돌아옴이라. 목성(木姓)을 만나 인신일(寅申日)에 복록이 풍족할 수라. 두 사람의 생각이 같으니 뜻대로 되리라. 봄, 가을에 대길하도다.

| 벼슬점[求仕占] |

우레가 백 리에 진동하니, 이름은 떨치나 실상(實相)이 없도다. 춘삼월에 관액이 두려우나 위태한 중에 은인이 도우리라. 겨울철이 되면 재앙이 소멸하고 벼슬이 오르리라.

| 송사점(訟事占) |

남이 먼저 소송을 걸면 내가 질 것이요, 내가 먼저 소송을 걸면 내가 이기리라. 4, 5, 7월은 소송으로 다투지 말라.

| 병점(病占) |

이 병은 열나고 기운이 급하며, 사지가 무겁고 복통이 심한 병이라. 진사일(辰巳日)에 병이 들면 고치기 어렵고, 술해일(戌亥日)에 든 병이면 고치기 쉬우리라.

| 태점(胎占) |

천상복록성(天上福祿星)이 비쳤으니 마땅히 귀한 자식을 낳으리라. 봄, 여름에 을사일(乙巳日)이나 정사일(丁巳日)에 이 괘를 얻으면 쌍둥이를 낳으리라.

| 혼인점(婚姻占) |

신부가 기골이 장대한 여자라, 반드시 재가하느니라. 혼인이 성취되기 어렵도다. 신랑 되는 사람은 덕이 없고, 졸장부니 불길한 괘라.

| 대인점(待人占) |

기다리는 사람을 속히 만나는 괘라. 진사일(辰巳日)에 내가 움직여야 서로 만나니라.

| 출행점(出行占) |

동행이 서로 뜻이 맞아 화평하고 서쪽이 대길하니라.

| 실물점(失物占) |

이 물건은 문밖에 나가지 않았으니 속히 찾으리라.

| 매매점(賣買占) |

신유일(申酉日)이나 인해일(寅亥日)에 많은 이익을 보리라. 두 사람의 뜻이 합하니 무엇을 근심하리오.

| 경영점(經營占) |

두 사람이 약속한, 즉 신유일(申酉日)이나 인묘일(寅卯日)에 모든 일이 대길하리라.

| 가택점(家宅占) |

봉황이 춤을 추니 경사가 많도다. 식구가 더하고 상서로움이 비상하도다. 시원한 바람이 부니 부귀가 겸전한 상이라.

| 사람 찾는 점[尋人占] |

중간에서 헤어졌으니 종적이 묘연하도다. 함흥차사를 기다리는 괘라.

계약점(契約占)

남들이 말을 좋게 하니 부질없이 고집을 세우지 말라. 필경은 내게 이익이 되리라.

신수점(身數占)

금년은 자손의 경사가 있도다. 혼인이 있어 기쁜 괘라. 여름철에 의외의 천금을 얻으리라. 북방으로 귀인 둘이 도우리니 수성(水姓)이 아니면 목성(木姓)이라. 춘하추동이 모두 대길한 운수라.

4. 천뢰무망(天雷無妄)

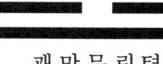

옥이 돌 속에 묻힌 괘요,
예(禮)를 지키고 수분(守分)하는 상이라.

卦妄無雷天

꽤망무뢰턴

| 괘상(卦象) |

벽력 소리가 천지를 움직이니 사람을 놀라게 하고, 근거 없는 시비를 가리는 곳에서는 선악의 흑백이 분명한 상이라.

| 하늘점[天時占] |

자일점(子日占)이면 비가 오고, 인신일점(寅申日占)이면 바람이 많이 부리라.

| 재수점(財數占) |

3월과 여름에 재수가 있고 진사일(辰巳日)에 길하도다. 그러나 이 괘는 먼저는 흉하고 후에는 길한 상이니라. 재물을 구하기 심히 어려우리라.

| 벼슬점[求仕占] |

문서로 기쁨이 있으나 벼슬은 허망하도다. 귀인이 물러가니 간사한 사람이 침범하도다. 가을 용이 우레를 일으키니 구설이 분분한 상이라.

| 송사점(訟事占) |

사람이 사망한 사건이 생기거나 음험한 사람이 모해하여 다툼이 있도다.

4, 5월이나 4, 5일에 남방에서 귀인을 만나 재판에서 이기리라.

| 병점(病占) |

이는 남쪽에서 칼에 맞아 죽은 귀신이 달려든 것이니라. 몸은 뜨거운데 으슬으슬하고 구역질이 나며, 피와 고름이 나는데 15일이 넘으면 고치기 어렵고 대흉하며 보름이 안 됐으면 속히 나으리라.

| 태점(胎占) |

진사일(辰巳日)에 낳으면 귀자를 생하고, 인묘일(寅卯日)에 낳으면 여자아이를 낳으리라.

| 혼인점(婚姻占) |

혼인이 말만 많고 이루기 어렵도다. 두 집이 서로 합하지 못하므로 다른 곳을 알아보는 것이 좋으니라.

| 대인점(待人占) |

축미일(丑未日)이 되면 연락이 올 것이니라.

| 출행점(出行占) |

행(行)하는 길이 무사하고 왕래가 길하도다. 사방으로 경영이 뜻과 같이 되어 만사가 여의하리라.

| 실물점(失物占) |

북방에서 찾으라. 할머니를 만나거든 물어보면 속히 얻으리라.

| 매매점(賣買占) |

돌아가는 행인이 지팡이를 잃고 배에 돛대가 없는 상이라. 서로 생각이 다르니 예를 지키고 때를 기다릴지니라.

| 경영점(經營占) |

남쪽 사람과 한 가지를 구함은 길하나 먼저는 어렵고 나중은 길하리라.

| 가택점(家宅占) |

기운이 없는 사람과 다른 성씨의 사람이 있으니 근심이 많고 집안이 불안하도다. 마음이 화합하지 못하니 조상님께 걱정을 끼치리라.

| 사람 찾는 점[尋人占] |

동쪽의 저잣거리에서 찾으라. 그렇지 않으면 만나기 어렵도다.

| 계약점(契約占) |

두 사람의 의견이 맞지 않으면 더 이상 얘기할 것이 없도다.

신수점(身數占)

　금년에 쉽게 득남하지만 부모궁에 근심이 많도다. 흉신(凶神)이 집에 비치었으니 손재할 수라. 1, 2월에 손재를 조심해야 하지만 3, 4월에 재록(財祿)이 오도다. 구설과 횡액이 있을 것이니 산천에서 기도하면 길하리라. 겨울철이면 여러 액운이 다 가고 좋은 일들이 생기니 달이 구름을 헤치고 뚜렷이 밝은 상이라. 9월에 여자 귀인을 만나 재물을 얻으리라.

5. 천풍구(天風姤)

바람과 비가 거센 괘요,
일월이 어두웠다가 다시 밝은 형상이라.

卦姤風天

괘구풍텬

| 괘상(卦象) |

흐릿하던 일월이 검은 구름에 가리웠다가 다시 밝은 형상이고 언덕 위의 마른 나무가 비를 얻어 가지가지 변화함이라. 앵무새 같은 귀인이 손을 이끌어 도우리니 뜻밖에 좋은 일이 생기리라.

| 하늘점[天時占] |

음양이 어지러워 매일 일월이 밝지 못하고 바람만 불며 비도 오지 않고 오랫동안 쾌청하지 못하도다.

| 재수점(財數占) |

서너 사람이 힘을 쓰나 일이 쉽지 않고 어려운 가운데 얻으리니 여자의 힘이 많도다. 1월, 7월이 아니면 인해일(寅亥日)이 좋으리라.

| 벼슬점[求仕占] |

호사다마이니 일이 낭패로다. 살기가 범하였으니 산천에서 기도하라.

| 송사점(訟事占) |

마음이 좋지 못한 여자가 구설을 지어내니 평지에 풍파가 일어

남이라. 오미일(午未日)에 시비가 없어지고 송사가 길하리라.

| 병점(病占) |

서쪽에서 오래된 물건이 들어와 탈이 난 것이니라. 한열(寒熱)이 있고 배가 부르며, 정신이 황홀하고 먹지 못하며, 입과 코에도 병이 있으나 북방으로 수성(水姓)의 의원을 청하여 약을 쓰면 해자일(亥子日)에 낳으리라.

| 태점(胎占) |

사내아이, 여자아이를 막론하고 다 불길하고 모자간에 재앙이 있으리니 조심하라.

| 혼인점(婚姻占) |

혼처가 두 군데인 상이라. 여러 말이 많고 재취하는 터이니 사람을 시켜 폐백을 많이 하면 화합하리라.

| 대인점(待人占) |

돌아오고자 하나 여인이 막아 못 오는 것이라. 묘일(卯日)과 신일(申日)에 돌아오리라.

| 출행점(出行占) |

남방으로 향함이 길하고 축미일(丑未日)에 움직이라.

| 실물점(失物占) |

이 물건은 서남방으로 깊은 구덩이 속에 있으니 신일(申日)에 찾으라.

| 매매점(賣買占) |

그 사람의 마음을 헤아릴 수 없으니 이 얘기 저 얘기 하지 말고 일을 그만두라.

| 경영점(經營占) |

여자 귀인을 얻어야 무슨 일이든지 되리니, 신유일(申酉日)을 기다려야 소원을 이루리라.

| 가택점(家宅占) |

집의 수돗물이 나오지 않으니 여자에게 불길하도다. 지덕(地德)이 흉하니 이사하여야 길하리라. 계속 살면 손재하고 식구 수가 줄리라.

| 사람 찾는 점[尋人占] |

남쪽에 있고, 자오일(子午日)이면 만나리라.

| 계약점(契約占) |

언변이 좋은 사람과 마음이 맞으니 이익은 적으나 일은 잘 처

리되도다.

| 신수점(身數占) |

 금년은 부모궁에 근심이 많고 처자궁에 액이 있으리라. 봄철에는 몸이 곤하고 북쪽에서 생기는 근심을 조심하고, 가을철에는 처자의 근심이 더하나 길인을 만나 구함이 있으리라. 여름철에는 병으로 인사를 받을 수요, 구설이 분분하도다. 남쪽으로 가 신령님께 기도하면 액을 면하리라.

6. 천수송(天水訟)

매를 쫓다가 호랑이를 만나는 괘요,
배를 타매 바람이 부는 상이라.

괘상(卦象)

　사람의 입이란 화복을 만드는 것이니 무익한 말을 하지 않으면 좋은 귀인이 자연히 도와 길한 일이 많이 생겨날 상이라.

하늘점[天時占]

　비록 비가 오나 3일이 지나지 않아 개리라. 인오일(寅午日)이면 푸른 하늘에 한점의 구름도 없으리라.

재수점(財數占)

　이 재수는 길가와 저잣거리에서 구하여야 대길할 수요, 또한 얻더라도 오래지 않아 다시 일을 쉬니 불길하도다. 4, 5일에 이 괘를 얻으면 도리어 손재하리니 구하지 말라.

벼슬점[求仕占]

　동서로 분주히 다니며 구하나 필경 허망하고 액이 돌아오리니 문을 닫고 때를 기다려야 길하리라.

송사점(訟事占)

　공연한 시비만 있고 송사는 되지 않느니라. 혹 남이 송사를 일으키나 멀지 않아 다 흩어지리라.

| 병점(病占) |

서북방을 향하여 산 아래로 가다가 얻은 병이니 몸에 한열(寒熱)이 있고 복통이 있으며, 정신이 혼침하여 말이 어지럽고 어디가 아픈 줄 모르느니라. 남쪽으로 축미생(丑未生)인 의원을 구하여 치료하면 나으리라.

| 태점(胎占) |

사내아이를 낳는데 쌍둥이이기 쉬우니라. 4, 5일에 순산하고 아무 어려운 일이 없으리라.

| 혼인점(婚姻占) |

벼슬이 있고 공변된 사람이 중매해야 좋으니 이렇게 만나면 천상배필이라. 금슬이 좋도다.

| 대인점(待人占) |

사람은 오지 않고 소식만 오도다. 인신일(寅申日)이면 소식을 듣는데 시비의 액이 있어 오지 못한다는 소식이라.

| 출행점(出行占) |

움직이면 유익한 일이 많은데 동남방이 길하고 북쪽은 대흉하니 가지 말지어다.

| **실물점**(失物占) |

이 물건은 찾지 말라. 찾으려 하면 대단히 구설이 분분하리라.

| **매매점**(賣買占) |

분수를 지키고 움직이지 말라. 음험한 사람이 동했으니 일이 안 되리라.

| **경영점**(經營占) |

상인이 한 가지만 하면 길하도다. 문서에 좋은 일이 많으리라. 공사(公事)로 하는 일은 대길하나 사적인 일은 불길하도다.

| **가택점**(家宅占) |

집안이 시끄러워 사람의 마음이 불안하도다. 한 집에 두 가권(家權)이 있으니 집을 떠나야 재앙이 소멸되리라.

| **사람 찾는 점**[尋人占] |

그 사람은 벼슬아치인데 만일 보면 시비가 생기리니 움직이지 않음이 길하리라.

| **계약점**(契約占) |

토지와 집에 관한 일인데, 임오일(壬午日)에 계약하면 가을에 큰 이익을 얻으리라. 중간에 쓸데없는 말이 생기니 조심하라.

| 신수점(身數占) |

　올해는 자손에게 경사가 생기고 진술월(辰戌月), 즉 3월, 9월에 집안 식구가 더하느니라. 가을철에 재수대통하고, 11, 12월에 영화로운 일이 많도다. 여름철은 근거 없는 구설이 일어나니 형제간의 불화라. 4~6월에 여인을 가까이하면 손재하고 흉한 시비가 많으리라. 8, 9월에 원행(遠行)하면 재수대길하니 서방으로 향하라. 1년 안에 벼슬한 사람과는 상종하지 말라. 불길하리라.

7. 천산둔(天山遯)

표범이 산에 숨어있는 괘요,
도를 닦아 악한 일을 피하는 상이라.

卦遯山天

괘돈산텬

| 괘상(卦象) |

시운(時運)이 불길함을 탄식하지 말라. 이제부터 일이 점점 형통하리라. 경영하는 것이 성취할 때를 알고자 할진대 소와 말 가운데에 있느니라.

| 하늘점[天時占] |

하늘에 검은 구름이 끼니 비는 솔솔 오고 바람은 슬슬 부는도다. 일월에 빛이 없으니 갤 날이 멀도다. 자일(子日)이나 오일(午日)이 되면 구름이 반은 흩어지리라.

| 재수점(財數占) |

돌아가는 객이 배를 타매 돛대가 없도다. 재물을 구하지 말고 가만히 있으라. 운수를 어기고 구하면 도리어 손재가 크고 관재나 구설이 일어나리라.

| 벼슬점[求仕占] |

벼슬하는 사람이 이 괘를 얻으면 벼슬을 사직하고 돌아가느니라. 이치를 거슬려 꾀하면 관재를 면치 못하리라. 4, 5월을 조심하라.

| 송사점(訟事占) |

감옥에 갇히는 액이 당도하였으니 북방으로 도망하여 숨으라. 그렇지 않으면 대액을 당하리라.

| 병점(病占) |

동남방으로 가다가 성황당이나 신령을 모신 사당 앞으로 지나갈 때에 놀라서 얻은 병이니라. 마음이 답답하고 복통이 나며, 갈증이 나고 수족이 다 아프니 백약이 무효하리라. 남쪽으로 가 신령님께 기도하면 길하리라.

| 태점(胎占) |

생남하면 불길하고, 생녀하면 무사하나 아이에게 병이 있어 3살을 넘겨야 하리라.

| 혼인점(婚姻占) |

이 혼인은 중간에서 희롱하는 사람이 있어 이루지 못하니 신부는 그저 그렇지만 신랑은 박복한 자라.

| 출행점(出行占) |

움직이지 말라. 집에 있으라. 문을 나가면 위험한 재앙이 있으리라.

| 실물점(失物占) |

찾지 말라. 찾지 못하리라. 집안에서 키우던 가축이면 멀리 달아났느니라.

| 매매점(賣買占) |

성사도 안되고 관재와 구설만 있으니 매매를 중지하라.

| 경영점(經營占) |

소인(小人)이 모여 군자를 해롭게 하는 괘라. 만사를 다 버리고 홀로 즐거움을 누리는 것이 좋으리라.

| 가택점(家宅占) |

옛집을 버리고 새집에 살게 되느니라. 이사하면 길하나 이사하지 않으면 집을 고치고 동향으로 문을 내라.

| 사람 찾는 점[尋人占] |

멀리 달아났으니 찾으려고 하면 고생만 하고 못 찾으니 가만히 있으라. 그 사람은 동북 간으로 가 숨어있느니라.

| 계약점(契約占) |

믿음과 의리가 없는 자와 무슨 일을 하리오, 흉심이 가득한 자이니 묻지 말고 해약하라. 일이 되지 아니하리라.

| 신수점(身數占) |

　봄에는 길하고 여름철은 병이 생기거나 관재구설이 있도다. 집안에 흉성이 비쳤으니 화(禍)가 많이 생기겠도다. 친척과 화목하지 못하니 일이 낭패로다. 3, 5월에 자손에게 좋지 않은 일이 생기니 조심하라. 처궁에 액이 있으니 상처를 하거나 큰 손재가 있어 우환이 있으리라. 겨울이 되면 재앙은 소멸하고 복록은 오리라.

8. 천지비(天地否)

글 읽는 가운데 만종록(萬鐘祿: 많은 녹봉)이 있는 괘요,
시(詩)를 구상하면서 홀로 노래하는 상이라.

| 괘상(卦象) |

둥근 달이 운무에 싸인 괘요, 가을바람이 솔솔 불면 자연 대길하리라.

| 하늘점[天時占] |

오래지 않아 청명하리니 해묘일(亥卯日)이 되면 일월이 명랑하리라.

| 재수점(財數占) |

봄철과 인묘일(寅卯日)에 칠 할 정도의 재물을 얻으리라. 두 사람이 합하면 큰 금을 쉽게 얻을 수라.

| 벼슬점[求仕占] |

선흉후길(先凶後吉)이라. 높은 귀인의 도움을 받아 벼슬을 얻으리라. 여름철이나 사오일(巳午日)에 용이 여의주를 얻는 상이라.

| 송사점(訟事占) |

입은 있으나 말하기 어렵도다. 송사에 기일이 많이 지나는데 몸에 형벌이 임하도다. 북방으로 귀인을 만나면 죄를 감하리라. 억울함을 말할 곳이 없으니 길할 때를 기다리라.

| 병점(病占) |

두통, 복통, 설사, 구역질 등을 하고, 음식이 소화되지 못하며 약

이 무효하니라.

| 태점(胎占) |

여자아이를 낳으면 쌍둥이를 생하리라. 사내아이면 불길하고 부모에게 액이 있도다. 자축일(子丑日)이나 자축시(子丑時)에 순산하고 득녀하리라.

| 혼인점(婚姻占) |

남들이 공연히 말을 지어 희롱하나 필경 길하여 부창부수(夫唱婦隨)하며 내외가 화락하리라.

| 대인점(待人占) |

묘일(卯日)이면 소식이 있으리라.

| 출행점(出行占) |

구설수가 있으니 나가지 말고 집에 있으면 길하니라.

| 실물점(失物占) |

술 먹고 떠들다가 잃어버렸으니 동남쪽으로 여자와 아이에게서 찾으리라.

| 매매점(賣買占) |

귀인이 손을 이끌어 도우니 오미신일(午未申日)에 큰 재물이 들어오리라.

| 경영점(經營占) |

벼슬아치를 통하여 구하지 말고 영업적으로 구하라. 일일이 다 우연히 합하니 2월, 8월에 대통운이라. 수중에 권세가 진동하니 멀리서도 귀인이 구름같이 모이리라.

| 가택점(家宅占) |

집안에 다른 성씨의 사람과 동거하니 집안이 소란하도다. 부부간에 화합하지 못하니 집을 둘로 나누라.

| 사람 찾는 점[尋人占] |

술해방(戌亥方), 즉 서북방에 있으니 진일(辰日)이면 찾으리라.

| 계약점(契約占) |

문서에 기쁜일이 말과 같이 되리라. 서로 허언이 없어 대인의 행동이니 일마다 대길하리라.

| 신수점(身數占) |

부모궁에 액이 크니 가사 장삼을 입을 수라. 자손에 대한 근심이 3월에 생하리라. 가을철에는 의외의 재수가 있고, 여름에는 집안에 재앙이 오는 수라. 금년 신수는 길흉이 상반하여 일도 많이 되고 재앙도 많이 생기리라. 북방으로 떠나면 길하리라.

9. 택천쾌(澤天夬)

단에 앉아 장수의 절을 받는 쾌요,
칼을 들어 진중을 호령하는 상이라.

卦 夬 天 澤

괘 쾌 텬 퇵

괘상(卦象)

봄비가 자주 내려 버드나무 가지가 푸르도다. 문간에 귀객이 임하니 만사가 다 새로운 상이라.

하늘점[天時占]

비가 오락가락하나 진사일(辰巳日)이면 쾌청하리라.

재수점(財數占)

10, 11월이 돼야 바랄 일이 생기나 힘만 들고 재물의 운수는 많지 못하도다. 경영하는 곳은 여러 곳이 어려우리라.

벼슬점[求仕占]

살기가 동(動)하였으니 방해가 많도다. 벼슬하는 자가 이 괘를 얻으면 사직할 것이요, 새로 구하는 자는 반의 효력도 없으리라.

송사점(訟事占)

빨리 처결이 되어 이기리니 속히 일을 하고 더디게 하지 말라. 혹 타인이 상(傷)할 염려가 있으니 덕을 베풀라.

병점(病占)

복통이 심하고 사지가 다 아프도다. 서방으로 의원을 청하여 약을 쓰면 즉시 나으리라.

| 태점(胎占) |

　득남하여 귀자를 얻으리니 유미월(酉未月), 즉 6, 8월이나 유미일(酉未日)에 경사가 중중하도다.

| 혼인점(婚姻占) |

　사람의 희롱함이 있으나 마침내 성혼될 것이요, 재취면 더욱 좋고 자손이 창성하고 부귀를 누리리라.

| 대인점(待人占) |

　병이 있어 돌아오지 못하니 기다리지 말라. 소식도 없도다. 이 사람이 밤중에 타지로 행하도다.

| 출행점(出行占) |

　외방으로 행하매 해로움은 없으나 이익은 대단치 않으니 생각하여 하라. 어느 곳이 좋은고? 북방이 길하도다.

| 실물점(失物占) |

　소식은 들으나 찾지 못하리라. 세 사람 중에 그중 큰 사람에게 물으면 분명하나 찾을 생각을 하지 말고 있으면 그만한 물건이 다시 오리라.

| 매매점(賣買占) |

부귀빈천이 다 때가 있으니 욕심을 내지 말고 분수를 지키라. 타인의 흉계가 있으니 조심할지어다.

| 경영점(經營占) |

형제 중에 길인이 있으니 물가에서 하는 일을 운영하라. 집에 있으면 불길하고 동(動)하면 좋으리라. 복덕성(福德星)이 비쳤으니 무슨 일이든지 하면 되리라.

| 가택점(家宅占) |

식구들이 다 불안하며 화재를 조심하라. 고사를 지내면 재앙이 소멸하고 경사가 생기리라.

| 사람 찾는 점[尋人占] |

서로 멀지 않은 곳에 있으니 가까운 시일 안에 보리라.

| 신수점(身數占) |

봄철에는 집안이 불안하고 병이 있도다. 여름에는 몸수가 불길하고 가을에는 득남할 수요, 3월도 자손의 경사가 있도다. 7, 8월에 원행하면 좋은 일이 많으니라. 용이 하늘로 날아오름이니 조화가 무궁한 상이라. 내 주선으로 모든 재앙을 소멸하니 만인이 다 칭송하도다. 마음이 착하여 일로 말미암아 복을 받으리라. 여자 귀인이 있어 4월이나 겨울철에 만금이 쌓이리라.

10. 중태택(重兌澤)

큰 바다에 고기를 기르는 괘요,
단비가 와서 만물이 윤택한 상이라.

卦兌澤重

괘태택중

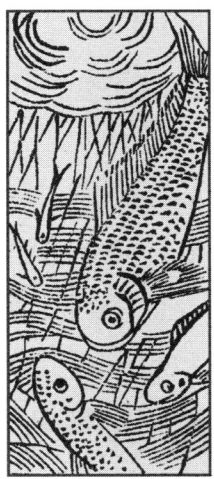

| **괘상**(卦象) |

황금이 사방에 흩어졌으나 가을철이 돼야 모아지리라. 연화대 높은 집에 극락세계가 여기인 듯이 즐겨하는 상이라.

| **하늘점**[天時占] |

가뭄 끝에 비가 오리라. 신미일(申未日)이 되면 개리라.

| **재수점**(財數占) |

부인으로 인하여 큰 재물이 들어오고 먼저는 어려우나 후에는 길하리라. 동쪽에서 재물이 오고 봄이나 인묘일(寅卯日)이면 큰 고기가 대해로 돌아가는 상이라.

| **벼슬점**[求仕占] |

권세가 중한 벼슬이다. 1월이나 6월에 명성이 진동하고 4, 5월에 승진하고 녹(祿)도 오르리라.

| **송사점**(訟事占) |

설왕설래만 할 뿐 송사는 아니 되리라.

| **병점**(病占) |

이 병은 속히 낫느니라. 주색으로 난 병이니 약을 쓰지 않아도 곧 쾌차하리라.

| 태점(胎占) |

남녀를 막론하고 다 길하도다. 복록이 많고 장수할 상이라. 사해일(巳亥日)이나 사해시(巳亥時)에 순산하고 무사하니라.

| 혼인점(婚姻占) |

무식한 여자가 왜 그리 말이 많은고? 일이 다 틀렸으니 더 이상 거론치 말지어다.

| 대인점(待人占) |

소식이 목하에 이르고 머지않아 오리라.

| 출행점(出行占) |

이 괘는 동행하면 불길하고 홀로 갈 수며 일희일비할 괘라. 한 번은 손재하고 한 번은 득재하리라.

| 실물점(失物占) |

기운이 좋은 중에 잃어버렸으니 노인이나 관청 일을 하는 사람에게 물으면 찾을 수 있지만 기일이 가면 어려우리라.

| 매매점(賣買占) |

일이 조석으로 다루고 변화가 많으나 진심으로 전력하면 적은 이익은 보리라.

| 경영점(經營占) |

먼저는 어려우나 나중은 길하도다. 아무리 속히 하고자 하나 가을바람이 불어야 마음대로 되리라. 재물을 구한다면 목성(木姓)인 사람과 의논하고, 벼슬을 구하면 남방으로 하라.

| 가택점(家宅占) |

부인으로 인하여 영화롭고 길한 일이 생길 수라. 집안에 비록 불안한 일이 생기더라도 모두 자연히 무사해지고 식구가 나가고 또 들어오느니라.

| 사람 찾는 점[尋人占] |

돌아가는 객이 물에 다다라 배가 없도다. 찾으려 하면 고생만 되니 그냥 있으면 5일 내로 오리라.

| 계약점(契約占) |

가을 하늘에 천둥치는 괘라. 구설만 있고 실상이 없도다. 문서가 번잡하고 일이 정밀하지 못하다. 또 상대편과 생각하는 것이 틀리나라.

| 신수점(身數占) |

벼슬하는 자는 승진하고 상인은 큰 이익을 얻는 수라. 봄철은 길하고 겨울철에 대길하도다. 5, 6월에 관재와 구설이 있으니 조심하라. 여자 귀인이 있으니 1, 2월에 동방, 북방으로 좋으리라. 7, 8월에 손재수가 있으니 멀리 가지 말라.

11. 택화혁(澤火革)

굼벵이가 변하여 매미가 되는 괘요,
옛것을 버리고 새것을 좇는 상이라.

| 괘상(卦象) |

상전(桑田)이 벽해(碧海)되고 벽해가 상전되도다. 인정이 번복이 많아 세상일을 헤아리기 어렵도다. 문을 닫고 한가로이 성품을 기르라. 동(動)하면 이롭지 않은 상이라.

| 하늘점[天時占] |

오래 비가 오면 다시 개고, 오래 맑으면 반드시 비가 오리라.

| 재수점(財數占) |

외로이 천 리를 가니 앞은 산이 막고 뒤는 물이 막았도다. 고생이 심한 상이라. 의외의 재물을 구하다가는 도리어 본전까지 잃는 괘라.

| 벼슬점[求仕占] |

보고도 먹지 못하니 그림의 떡이라. 타인의 음해가 있으리니 2월, 9월이나 묘술일(卯戌日)이면 분명히 알리라.

| 송사점(訟事占) |

송사하지 말라. 돈을 쓰면 무사하리라.

| 병점(病占) |

대소변을 보기 어렵고 목구멍이 아프니 동방으로 가 약을 지어 먹으면 10일 안에 속히 나으리라.

| 태점(胎占) |

여자아이를 낳으면 귀녀요, 남자아이를 낳으면 쌍둥이리라. 이 아이는 다른 부모를 정하면 일평생 부귀다복하리라.

| 혼인점(婚姻占) |

그 여자가 두 번 과부될 팔자라. 평생이 불길하니 거절하라. 남자는 위인이 분명하지 못하고 몸에 병이 있으니 다른 곳을 구하라.

| 대인점(待人占) |

기다리는 자가 있는 곳을 옮기어 그곳에 없도다. 입이 험하고 운수가 불길한 자라. 사방으로 다니다가 20일 이내에 오리라. 만일 오지 않더라도 소식은 있으리라.

| 출행점(出行占) |

두 사람이 동행하라. 약간의 구설은 있으나 괜찮도다. 길에서 약속이 되면 길하고 여자를 조심하라.

| 실물점(失物占) |

나무 아래에서 두 사람이 얻었으니 찾지 말지어다. 도적의 것을 찾다가는 큰 것을 잃을지니라.

| 매매점(賣買占) |

남방으로 가서 화성(火姓)의 사람과 언약하면 길하고 물가를 피해야 하며 타인의 음해를 조심하면 선흉후길하리니 노력한 후에 공을 이루리라.

| 경영점(經營占) |

전에 하던 좋은 일을 버리고 새로 다른 사업에 종사할 수라. 남을 도와 한 가지 이익을 취하라.

| 가택점(家宅占) |

집의 네 기둥이 고르지 못하고 돌이 다 삐뚤어졌으니 여름 안으로 다시 고치고 문을 새로 달라. 그렇지 않으면 3개월 내로 집을 떠나야 길하리라.

| 사람 찾는 점[尋人占] |

시비를 가릴 것이 있어 멀리 가지 않았으니 집 근처 동쪽으로 가 찾으면 그날 보리라.

| 계약점(契約占) |

두 사람이 좋은 뜻으로 언약을 맺으니 한신이 한왕(漢王)을 만남이요, 강태공이 문왕(文王)을 보는 것이라. 장래에 대사(大事)를 경영하여 부귀가 진진할 수라.

| 신수점(身數占) |

1년 수가 홀아비나 과부가 되고 형제간에 다툼이 있도다. 1, 2월에 자손의 경사가 있고, 11, 12월에 손재를 조심하라. 8, 9월에 집안에 근심이 있고, 봄철에 가장이 병이 있도다. 서방으로 이사하면 재앙이 소멸하고 모든 일에 길하리라.

12. 택뢰수(澤雷隨)

어진 장인(匠人)이 옥을 깎는 괘요,
고기가 변하여 용이 되는 상이라.

괘상(卦象)

때가 이르러 꽃다발이 목에 걸리고 청정한 버들이 3, 4월에 바람을 타고 바람에 흩날리는 격이요, 이름이 사방에 진동하니 문전에 경사가 많은 상이라.

하늘점[天時占]

바람은 거세고 비가 크게 오며 우렛소리도 은은하나 해자일(亥子日)이면 검은 구름이 흩어지고 날이 청명하리라.

재수점(財數占)

황금이 사방으로 있으니 만금을 수중에서 희롱하도다. 3, 6월에 남쪽으로 기쁜 일이 많으리라.

벼슬점[求仕占]

2, 5월이 되면 머리에 금줄을 늘이고 만인의 치하를 받으리라. 가을바람에 기쁜 소식이 가문을 빛내리라. 귀인이 도우니 영화롭고 귀하도다.

송사점(訟事占)

아무 근심 말고 있으면 멀지 않아 화해하리라. 송사는 되지 아니하리니 무엇을 걱정하느뇨.

| 병점(病占) |

사지가 무겁고 목이 아프며 구역질이 나니 더운 약을 써야 낳으리라.

| 태점(胎占) |

남자아이를 생하나 장수하지 못하고 산모도 출산 후에 아프며 산후병이 오래 가도다. 남쪽으로 가서 북두칠성께 빌면 길하리라.

| 혼인점(婚姻占) |

두 부모가 다 있거든 혼인을 맺으라. 신부, 신랑이 다 현명하니 원앙 같은 짝이로다.

| 대인점(待人占) |

다른 사람을 따라 돌아오리라.

| 출행점(出行占) |

마음에 들지 않은 길을 행하나 필경 무사하고 길을 가는 중에 기쁜 소식을 들으리라. 비록 멀리 행하나 즉시 귀가하리라.

| 실물점(失物占) |

이는 자기가 잘못하여 잃은 것이니 급히 찾으면 곧 얻으리라.

| 매매점(賣買占) |

　물건의 값이 높고 시세가 있는 것이니 큰 이익을 보리라. 그러나 이 재물에 불의한 일이 좀 있도다.

| 경영점(經營占) |

　봄철이면 생각대로 경영하여 3, 4월에 뜻을 이루리라. 다른 데는 가지 말고 장사에 전념하면 귀인을 만나리라.

| 가택점(家宅占) |

　집안에 다른 성씨의 사람과 있지만 사람이 합당하고 가내가 무고하도다. 그러나 형제 중의 하나가 재물을 조금 손해 보리라.

| 사람 찾는 점[尋人占] |

　당일로 오지 않으면 2, 3일 내로 돌아오리라.

| 계약점(契約占) |

　문서에 녹(祿)을 띠고 서로가 점잖으니 3, 4월에 금을 가지고 귀중한 보물과 바꾸리라. 자본이 튼튼하니 고기가 물을 얻음이라.

| 신수점(身數占) |

　금년은 혼인을 하는 수요, 재물이 많이 생기리라. 이름을 사방

으로 떨치니 만인의 칭송이 자자하도다. 10, 11월에 자손에게 액이 있고 1, 2월에 부모에 대한 근심이 있도다. 여름철이 되면 귀인이 우연히 도우리라. 복록이 많은 상이니 비록 액이 조금 있으나 자연히 소멸하리라.

13. 택풍대과(澤風大過)

외로운 나무가 바람을 맞는 괘요,
뿌리와 가지가 다 약한 상이라.

| 괘상(卦象) |

옥이 돌 속에 묻히고 구슬이 진흙 속에 있는 상이라. 때가 되면 구름을 헤치고 일월이 밝도다.

| 하늘점[天時占] |

습한 바람이 불고 비가 오도다. 진사일(辰巳日)이 되면 맑으리라.

| 재수점(財數占) |

두 집에 재물을 모으고, 외인(外人)이 있어 3, 8월이 아니면 진사일(辰巳日)에 길에서 재수있고 구설이 있는 가운데 득재하리라.

| 벼슬점[求仕占] |

일이 될듯하다가 문서에 문제가 있어 안 되도다. 수고만 하게 되고 성공하기 힘드니 하지 말라.

| 송사점(訟事占) |

시비가 변하여 송사되도다. 액이 있어 이기지 못하리라. 서쪽으로 가서 신령님께 기도하면 귀인을 얻으리라.

| 병점(病占) |

남쪽으로 갔다가 돌아오는 길에 얻은 병이라. 기운이 없고 요통도 있으며 풍중이 심하리라. 주색을 겸하였으니 약을 먹으나 속히 고치기 어렵도다. 한 달이 지나면 흉하리라.

| 태점(胎占) |

이 아이는 부모궁과 집안에 불길하며 한 살을 넘기기 어려우리라.

| 혼인점(婚姻占) |

이 혼인은 되지 못하리라. 4, 5명이 중매를 서나 끝내는 서로 불합(不合)하니 다른 곳을 알아보라.

| 대인점(待人占) |

6, 7일 내로 소식이 있고, 돌아오리라.

| 출행점(出行占) |

뜻이 맞아 동행하여 움직이나 머지않아 돌아오는 괘라. 동하지 않는 것이 좋으니라.

| 실물점(失物占) |

이는 집안사람이 한 짓이니 집안에서 찾으면 당일로 얻으리라.

| 매매점(賣買占) |

좋지 않은 마음으로 일을 하니 어찌 좋은 결과를 바라리오. 아무리 하여도 길하지 않고 이치를 거스르니 도리어 해를 보리라.

| 경영점(經營占) |

분수를 지키고 가만히 있으면 도와주는 사람이 생겨서 북쪽에서 장사하면 큰 이익을 보리라.

| 가택점(家宅占) |

다른 사람과 한 집안에서 지내면 부부가 불화하고 집안이 편안하지 못하도다. 부모궁에 말이 많고 구설이 많으니 고사를 지내라.

| 사람 찾는 점[尋人占] |

사람이 멀리 가지 않았으니 누구든지 같이 찾으면 2, 3일 내로 만나리라.

| 계약점(契約占) |

사람의 마음이 좋지 못하니 한 가지는 계약하지 말라. 7, 8월이면 서방으로 귀인이 있으리니 이 사람과 언약하면 좋은 일이 많으리라.

| 신수점(身數占) |

 봄철에 귀인이 도우니 고목이 봄을 만남이라. 4월에 먼 길을 가면 길하고 가을이면 신수가 대통하리라. 7, 8월에 벼슬궁에 빛이 나니 벼슬을 하게 되리라. 그러나 1, 2월에 내환이 있고, 10, 11월에 자손에게 좋지 않은 일이 생기니 마음을 선하게 하여 덕을 닦으라. 형제 수가 불길하니 가을철이니라.

14. 택수곤(澤水困)

천 년을 수도한 용이 여의주를 구하는 괘요,
몸을 지켜 때를 기다리는 상이라.

卦困水澤

괘곤수택

| 괘상(卦象) |

　기린이 산 중에 숨어 성인을 기다림이요, 풍랑이 그쳐 배가 쉽게 나아가도다. 청운에 뜻이 없으니 태평하게 지내는 상이라.

| 하늘점[天時占] |

　4, 5일 동안 비가 그치지 않으나 인묘일(寅卯日)이면 청명하리라.

| 재수점(財數占) |

　인묘일(寅卯日), 해자일(亥子日)에 재수가 여의하리니 안으로 구하고 밖으로 구하지 말라. 멀리서 구하면 불길하고 가까이에서 구하면 쉬우리라.

| 벼슬점[求仕占] |

　평지에 풍파이니 진퇴양난이라. 은인이 원수 되니 일마다 불길하도다. 벼슬을 하는 자가 이 괘를 얻으면 사직하고 집에 가는 것이 좋으리라.

| 송사점(訟事占) |

　고기가 솥에 들어가는 상이라. 감옥에 들어가는 액이 있는데 해자일(亥子日)이면 도와주는 사람이 생기나 액이 다 소멸되지는 않느니라. 10, 11월이 돼야 그물을 벗고 액을 물리치느니라.

| 병점(病占) |

이 병은 골절이 아파 눕고 일어나는 것이 편하지 않도다. 오래된 병이면 고치기가 쉬워 차차 나을 것이요, 아픈지 보름쯤 된 병이면 오래 걸려 낫기 어렵도다. 아이의 병이면 살지 못하리라.

| 태점(胎占) |

사내아이는 불길하고 여자아이는 길하니라. 이 아이는 집안에 대단히 길한 아이이니라.

| 혼인점(婚姻占) |

여자는 덕이 있고 남자는 진정한 장부라. 혼인하면 집이 늘고 경사가 많으며 귀자를 낳으리라.

| 대인점(待人占) |

4, 5일 내로 오면 재물에 기쁜 일이 있도다. 가까운 시일 내에 오리라.

| 출행점(出行占) |

서북쪽으로 가면 일도 잘 되고 재물도 많이 얻으리라. 귀인이 물가에 있으니 만사가 뜻대로 형통하리라.

| 실물점(失物占) |

집안의 장롱 속이나 장롱 뒤에 있으니 찾으면 쉬우리라.

| 매매점(賣買占) |

권리가 내게 있으니 묻지 말고 즉시 하라. 오는 사람이 다 좋은 사람이라. 이익이 배가 되니 무엇을 근심하느뇨.

| 경영점(經營占) |

이 일을 나서서 하면 도울 사람이 생기니 벼슬은 바라지 말고 두 사람이 합심하면 1월, 10월이나 인해일(寅亥日)에 되리라.

| 가택점(家宅占) |

아이로 인하여 재앙이 있으니 부처님께 불공하면 길하리라.

| 사람 찾는 점[尋人占] |

길에서 만나는데 그 사람이 좋은 사람이라. 사해일(巳亥日)에 만나리라.

| 계약점(契約占) |

어두운 밤에 등불을 얻은 격이라. 우연히 약속한 일이 피차가 대길하니라. 봄철이나 여름철에 큰 이익을 보리라.

신수점(身數占)

　　가화만사성(家和萬事成)이니 부모의 덕이 중하고 봄이나 겨울에 득남하며 1월에 재수가 많도다. 1년이 태평하고 경사가 많도다. 혼인은 길하고 상대방이 복이 있는 사람이라. 여름철은 구설수를 조심하고 가을에는 손재수가 있으나 많지는 않으리라. 7월에 여인을 가까이 말라. 액이 있어 재물로 구설이 되리라.

15. 택산함(澤山咸)

산과 못이 기운을 상통하는 괘요,
지극한 정성으로 신명을 감동하게 하는 상이라.

卦咸山澤

괘 함 산 택

괘상(卦象)

　산에 매화꽃이 피었는데 우레가 진동하니 만물이 때를 얻어 우로지택(雨露之澤)으로 번성하는 격이요, 남녀가 기쁜 인연을 맺는 상이라.

하늘점[天時占]

　비가 오나 시원치 않고 3일 후에 다시 개리라.

재수점(財數占)

　인연이 없는 돈을 구하니 이익은 없고 도리어 있는 돈도 나가도다. 아무리 탄식한들 무슨 소용이 있으리오. 때를 기다리라.

벼슬점[求仕占]

　오랜 은인을 만나 도움을 받으니 영화로운 일이 있으리라. 4월에 문서로 기쁜 일이 있고 벼슬하는 자는 승진하리라.

송사점(訟事占)

　다투지 않고 화해하리라. 여자의 방해를 조심하면 아무 일이 없으리라.

┃ **병점**(病占) ┃

이 병은 귀신이 침범하여 난 병이라. 춥다가 덥다가 하고 목마르며 소화가 안 되니 북쪽으로 가 성황당에서 3일 동안 기도하라.

┃ **태점**(胎占) ┃

사내아이를 낳으면 북두칠성께 빌라. 그러면 무병하고 장수하며 길하리라. 그러나 산모에게 병이 있어 한 번 누우면 일어나기 어렵도다.

┃ **혼인점**(婚姻占) ┃

혼인하기 전에 임신하도다. 길함은 적고 흉한 일이 많으리라.

┃ **대인점**(待人占) ┃

즉시 돌아오리라. 길에서 만나기 쉬우니라.

┃ **출행점**(出行占) ┃

방해가 있어 움직이기가 어려우니라. 신자진일(申子辰日)에 움직이는 것이 좋으리라.

┃ **실물점**(失物占) ┃

이 물건은 잃어버린 것이 아니라 잊은 것이니 집안에 있도다.

| 매매점(賣買占) |

선흉후길(先凶後吉)한 괘라. 노력을 다한 후에 큰 이익이 있으리라.

| 경영점(經營占) |

때가 아직 돌아오지 않았으니 지성으로 산신님께 빌라. 기쁜 소식이 있으리라.

| 가택점(家宅占) |

다른 사람이 집안일을 잘 보아 편안하기 그지없도다. 집안 신령을 잘 모셔야 하느니라.

| 사람 찾는 점[尋人占] |

물가로 도망하였는데 아무리 찾으려 하나 종적이 묘연하여 찾지 못하리라.

| 계약점(契約占) |

친척간의 약속은 대단히 길하고 남과의 약속은 흉하도다.

신수점(身數占)

　물과 산의 기운이 통하니 3, 4월에 혼인이 쉽도다. 벼슬하는 사람이 집안에 있으면 녹이 많아지고 경사가 많도다. 1월은 형제의 근심이 있고, 3, 4월은 운수대통이라. 부모와 자손에게 경사가 있도다. 5, 6월에 오랜 은인을 만나 발복하여 가을에 길하고도 길하니라. 그러나 재물을 구하는 것은 불길하고 가만히 있으면 자연히 복록이 오리라.

16. 택지췌(澤地萃)

고기와 용이 바다에 모이는 괘요,
사방의 물이 한 곳을 향하여 흐르는 상이라.

卦萃地澤

괘 취 디 택

| 괘상(卦象) |

기린과 봉황이 상서로움을 드리우고 복덕성이 비추니 경사가 많도다. 장맛비가 그치고 날이 개니 만물이 때를 타고 번성하는 상이라.

| 하늘점[天時占] |

비가 올 듯하나 오지 않고 오미술일(午未戌日)이면 청명하리라.

| 재수점(財數占) |

2, 3월에 큰 재수가 있을 것이요, 인묘진일(寅卯辰日)에 뜻을 얻어 수중에 천금을 희롱할 수라.

| 벼슬점[求仕占] |

이 벼슬은 군인이나 경찰관이니 4, 5월이나 6월, 12월에 소원을 성취하리라.

| 송사점(訟事占) |

나는 강하고 상대방은 약하니 이길 것이고, 봄이나 여름에 송사로 인하여 오히려 좋은 일이 생기리라.

| 병점(病占) |

복통이 있고 한열(寒熱)이 있다, 없다 반복하나 약을 쓰면 자일(子日)에 효험을 보리라.

| 태점(胎占) |

쌍둥이를 낳기 쉬우나 쌍둥이를 낳으면 산모가 병이 많고, 하나를 낳으면 무사하리라. 사해일(巳亥日)에 순산하나 아들은 낳지 못하리라.

| 대인점(待人占) |

아직 움직이지 않았고 또 어떤 사람이 가지 못하게 방해하도다. 괜히 놀라는 일이 있고 결국 기다리는 사람이 오지 않으리라.

| 출행점(出行占) |

집을 지키고 나가지 말라. 만일 나가면 중간에서 군인이 방해를 하고 고생만 되리라. 고생만 아니라 손재(損財)도 할 수라.

| 실물점(失物占) |

풀숲이나 큰 나무 근처에 있으니 동쪽으로 가서 경찰관이나 군인에게 물으면 3일 내로 찾으리라.

| 매매점(賣買占) |

일은 되지만 상대편이 의심이 되도다. 믿을 수 없는 사람이니 없었던 걸로 하는 것이 좋을 듯하다. 그렇지 않으면 해를 보리라.

| 경영점(經營占) |

공적(公的)으로 일을 하는 것이 좋으니 4, 5월에 벼슬이 생기리라. 장사 하는 사람이 이 괘를 얻으면 관액이 있도다.

| 가택점(家宅占) |

집이 왜 그리 더러운가? 깨끗이 청소하고 다른 사람을 조심하라. 관재와 구설이 있으리라. 남쪽의 사람을 두지 말라. 손해를 보도다.

| 사람 찾는 점[尋人占] |

이 사람이 절[寺]로 갔으니 서쪽으로 십 리 정도 가면 찾으리라.

| 계약점(契約占) |

서로 뜻이 다르니 그만하는 것이 좋도다. 이치를 어기고 계약하면 해를 볼 것이요, 그 사람과 큰 싸움을 할 것이니라.

| 신수점(身數占) |

　4, 5월에 관재구설을 조심하라. 그러나 벼슬하는 사람이면 무사하리라. 봄철에는 동북방으로 귀인이 도와 경사가 있을 것이요, 여름철은 형제에게 액이 있으나 크지 않고, 자기는 괜찮으나 집안에는 병이 있도다. 8월에는 처궁에 불길한 일이 있고 재물은 길하리라. 부모는 태평하시도다.

17. 화천대유(火天大有)

금옥이 집안에 가득한 괘요,
해가 중천에 떠 세상을 비추는 상이라.

卦有大天火

괘유대턴화

| 괘상(卦象) |

풍년이 들고 백성이 편안하니 하늘이 복록을 내리는 것이라. 만민이 격양가(擊壤歌)를 노래하도다.

| 하늘점[天時占] |

비가 올 때 점을 쳤으면 즉시 개고, 청명할 때 점을 쳤으면 비가 오리라. 비도 안 오고 청명하지도 않은 때 이 괘를 얻으면 바람이 심하게 부나 다음 날에는 맑으리라.

| 재수점(財數占) |

움직이면 좋고 가만히 있으면 일이 되지 않느니라. 두 귀인이 안에서 일을 주선하면 인묘일(寅卯日)에 재물을 얻으리라.

| 벼슬점[求仕占] |

지식이 많으니 귀인을 만나 4, 5월이나 축미일(丑未日)에 벼슬을 얻으리라.

| 송사점(訟事占) |

큰일이면 쉽게 결판이 나고, 작은 일이면 혼란하여 결판이 잘 나지 않겠도다. 목성(木姓)의 사람은 귀인이고, 금성(金姓)의 사람은 방해를 하도다. 내 운수가 좋아 길인이 도우니 송사에서 이기며 무사하리라.

| 병점(病占) |

눈이 아프고 두통이 있나니, 이는 남쪽의 여자 귀신이 덤벼든 것이라. 꿈에 여자들이 보일 것이니 '안택경'을 읽으면 열흘 안에 나으리라.

| 태점(胎占) |

사내아이를 낳고 그 아이는 장수할 것이라. 위인이 분명하고 재주가 많도다.

| 혼인점(婚姻占) |

혼인은 성사되지만 재취가 아니면 두 번 시집갈 여자라. 신랑은 사람이 뛰어나니 좋은 팔자도다.

| 대인점(待人占) |

이 사람이 둘이 동행하다가 한 명이 더하여 셋이서 길을 가도다. 그중의 한 사람이 먼저 술일(戌日)에 돌아오리라.

| 출행점(出行占) |

마땅히 서방으로 가는 것이 좋고 빨리 움직이지 말고 천천히 동하면 길하리라.

실물점(失物占)

새로 지은 집 근처에 있으니 동쪽에서 찾고 인신일(寅申日)에 찾으리라.

매매점(賣買占)

성사되기 쉽도다. 그러나 술자리에서 말을 조심하지 않으면 크게 시비가 일어나리니 술과 여자를 주의해야 길하도다.

경영점(經營占)

부모의 재산이 있어 벌지 않아도 의식이 족하도다. 여름철이 되어 벼슬을 구하면 일도 되고 재물도 따르리라. 다른 장사는 할 필요가 없으리라.

가택점(家宅占)

집이 오래되었으니 수리해야 집안이 태평하고 재앙이 소멸하리라.

사람 찾는 점[尋人占]

동남쪽에 있으나 찾기 어렵도다.

| 계약점(契約占) |

벼슬하는 사람과 계약하면 길하리라. 술해일(戌亥日)만 피하여 계약하면 길하도다.

| 신수점(身數占) |

1년이 태평하고 대통운(大通運)이 들었으니 대길하도다. 봄철에 돈이 생기고 4, 5월에 이름이 사방에 진동하리라. 큰일을 도모하는데 귀인이 많으니 유복한 사람이라. 7, 8월에 자손에게 좋은 일이 있도다. 겨울철에는 집안에 금옥이 가득 쌓이리라.

18. 화택규(火澤睽)

맹호가 함정에 빠진 괘요,
두 여자와 동거하는 상이라.

괘상(卦象)

남편과 이별하고도 길이 멀고 멀었도다. 기러기가 와서 소식은 전하는구나. 세상인심이 좋지 않아 서로 반목하니 악한 인연을 헤아릴 수 없는 상이라.

하늘점[天時占]

비 오다가 개다가 하다가 3일이 지나면 청명하리라.

재수점(財數占)

두 사람이 합의하여 적은 돈으로 움직이니 힘은 만원이 들어도 돈은 천원이 생기는 격이라.

벼슬점[求仕占]

천둥치는 소리가 백 리까지 진동하나 이름만 있고 실상이 없는 상이라. 구설만 분분하니 분수를 지킴이 제일이니라.

송사점(訟事占)

송사는 서로 합의하게 되거나 이기게 되어 아무 해가 없으리라.

병점(病占)

이 병은 고치기 어렵도다. 4, 5월이 흉하니 조심하라.

| 태점(胎占) |

사내아이를 낳고 산모도 건강하리라. 묘유일(卯酉日)에 순산하리라.

| 혼인점(婚姻占) |

두 집이 서로 좋지 못하도다. 두 사람이 화합해도 길하지 못하고 여자가 어리석은 사람이라. 살아 이별, 죽어 이별할 수라.

| 대인점(待人占) |

사람은 오지 않고 소식은 오나 허망하도다. 기다리지 않는 것이 좋으리라.

| 출행점(出行占) |

움직이면 이롭고 북쪽이 길하리라. 가는 중에 아무 험한 일이 없고 한 사람과 동행하면 좋도다.

| 실물점(失物占) |

찾기 어려우나 사람을 데리고 집 근처 북쪽의 뒷담 아래에서 찾을 것이라.

| 매매점(賣買占) |

왔다 갔다 하는 사람이라 믿을 수 없도다. 일이 되지 않을 것이니 절대 하지 말라. 일을 하려다가는 실패만 맛보리라.

| **경영점**(經營占) |

산은 푸르고 물은 맑으니 고요히 앉아 염불이나 좌선(坐禪)을 하라. 부질없이 움직이면 불길하리라.

| **가택점**(家宅占) |

일이 순탄하지 않고 모든 일이 불길하여 집안에 남은 것이 없으니 덕을 닦고 좋은 때를 기다리라.

| **사람 찾는 점**[尋人占] |

기다린들 소용이 없도다. 다른 사람의 소식은 들으리라.

| **계약점**(契約占) |

두 사람의 마음이 서로 달라 큰일이 그릇되었도다. 구설이 분분하고 재물이 흩어지니 운수가 막혔기 때문이니라.

| **신수점**(身數占) |

적막한 강산에 울고 가는 외로운 기러기 짝을 잃었도다. 상처하거나 처궁에 재앙이 있도다. 6월, 12월에 식구가 떠나고 은인이 원수가 되리라. 몸수는 괜찮으나 가족이 동과 서로 갈리도다. 부모궁에 액이 4, 5월에 있고 살기가 집안을 범하였으니 외롭도다.

모든 일에 실패하니 고요히 좋은 때를 기다리라.

19. 중리화(重離火)

남두성(南斗星)이 비친 괘요,
험한 후에 성취하는 상이라.

重火離卦

중 리 화 괘

| **괘상(卦象)** |

　일생동안 일이 많아 위험한 때가 많도다. 공부를 힘들게 한 후에 영화를 누리는 상이라.

| **하늘점[天時占]** |

　구름만 끼고 비는 오지 않도다. 며칠 지나면 맑으리라.

| **재수점(財數占)** |

　지금 벼슬하는 사람은 4월이나 10월에 관액이 있도다. 벼슬을 구하는 자는 공연히 수고만 하지 말고 다른 일을 알아보라.

| **송사점(訟事占)** |

　요동하지 말고 고요히 있으라. 소송이 흩어져 되지 아니 하리라.

| **병점(病占)** |

　이 병은 물가에서 얻은 병이라. 아래는 냉하고 위는 더우며 복통이 있고 구역질, 설사를 하니 이질이기 쉽도다. 병든 지 한 달이 안 되었으면 5~6일 안에 낫고 오랜 병이면 살기 어려우리라.

| 태점(胎占) |

여자아이를 낳기 쉬운데 밤중에 순산하리라. 아이는 대단히 영리하리라.

| 혼인점(婚姻占) |

여자의 성품이 얌전하지 않고 팔자가 사나워 이혼하리라. 집안 재산이 없어지고 난 후 다시 시집갈 수라. 길하지 못하도다.

| 대인점(待人占) |

기다리는 사람에게 흉한 일이 있고 좋지 않은 사람의 해를 보리라. 신자진일(申子辰日)에 돌아오리라.

| 출행점(出行占) |

서방이 좋지 않고 재물을 구하는 일은 불길하지만 다른 일은 길하리라.

| 실물점(失物占) |

못된 놈이 가져갔으나 속히 찾으면 쉬우리라.

| 매매점(賣買占) |

물건은 많고 돈은 적으니 이익이 박하도다. 신유일(申酉日)을 기다려 다시 하면 이익을 얻으리라.

| 경영점(經營占) |

여름철을 기다려 남쪽으로 일을 도모하면 길하리라.

| 가택점(家宅占) |

화재와 도둑을 조심하라. 구설수도 두렵도다.

| 사람 찾는 점[尋人占] |

비리를 저지르고 간 사람이니 찾지 말지어다. 시비가 분분하고 길하지 못하도다. 몸을 살피라.

| 계약점(契約占) |

피차 말로만 하고 실상은 없으니 일을 성취하지 못하도다. 아무리 하여도 끝내 허사리라.

| 신수점(身數占) |

금년 신수는 불길하니 무엇을 운영하지 말라. 봄, 여름에 몸수는 태평하고 액은 없으나 애만 쓰고 되는 일이 없으니 한탄한들 무엇하리오. 4, 5월에 손재수(損財數)가 있고, 10, 11월에 관재구설을 조심하라. 여름에는 우환이 있고 가을은 재수가 좀 길하나 원행하지 말라.

20. 화뢰서합(火雷噬嗑)

물건을 팔려고 내놓은 괘요,
물건이 많고 복록이 오는 상이라.

| 괘상(卦象) |

화복이 다 입에서 생기는 것이니 말을 삼가야 복을 받는 법이니라. 묵묵하여 말을 경계하면 마음이 편안하고 일이 평탄한 상이라.

| 하늘점[天時占] |

우렛소리는 은은하나 비는 오지 않도다. 미신일(未申日)이면 맑으리라.

| 재수점(財數占) |

위, 아래 사람이 합심하니 5, 6월이나 오미일(午未日)에 만금을 희롱하리라.

| 벼슬점[求仕占] |

중품(中品)의 귀인은 되리라. 2월이나 5월에 만사가 여의하고 서방으로 귀인을 만나 소원을 이루고 이름을 날리리라.

| 송사점(訟事占) |

주작(朱雀)이 동하였으니 관재까지는 아니지만 구설이 있으리라. 시비하는 것이 무익하니 스스로 깨달을지어다.

| 병점(病占) |

이 병은 잠시 액이 있어 난 것이라. 남쪽의 의원을 청하여 약을 쓰면 수일 내로 나으리라.

| 태점(胎占) |

가을이나 겨울에 여자아이를 낳는데 재앙이 있으니 칠성 기도를 하면 길한 괘라. 아이는 그리 똑똑하지 못하도다.

| 혼인점(婚姻占) |

좋지 못한 사람이 중간에서 농간하니 구설이 있겠도다. 겨울철에 혼인이 성사되기 쉬우나 필경 길하지 못하리라.

| 대인점(待人占) |

움직이려고 하다가 움직이지 못하는 상이라. 그러나 조만간 소식이 오고 신사일(申巳日)에 오리라.

| 출행점(出行占) |

길 가는 중에 길인이 많은 상이니 행하면 길하도다. 장사에는 만금을 얻는 수라 모든 일이 뜻대로 되니 대통운(大通運)이 들었도다.

실물점(失物占)

두 사람이 대나무 숲이나 물가에서 찾으라.

매매점(賣買占)

힘써 구하면 길하나 낯선 사람은 피하라.

경영점(經營占)

남쪽 사람과 사업하면 4, 5, 6월에 큰 이익을 보리라.

가택점(家宅占)

집에 좋지 않은 사람이 있어 편안하지 않은데 길을 떠나면 모든 일에 길하고 아무 험한 일이 없도다. 사람을 조심하여 뜻밖의 화를 피하라.

사람 찾는 점[尋人占]

이 사람은 저잣거리에서 찾으라. 즉시 찾지 못하더라도 3일 내로 보리라.

계약점(契約占)

혼자 해도 넉넉하니 남과 약속하지 말라. 마음이 다르니 같이 하지 말라.

| 신수점(身數占) |

　금년은 말을 삼가면 길한 일이 많은 괘라. 여름철에 재물을 수중에서 마음대로 희롱하리라. 자손에게 경사가 있고 부모궁이 영화롭도다. 이름이 사방에 진동하니 상하가 합심하도다. 5, 6월에 기쁜 일이 많고, 봄에는 몸이 좀 곤하며, 가을에는 병살(病殺)이 있으니 서쪽으로 가서 입추(立秋)가 되면 7일 기도를 하라. 그러면 아무 재앙이 없도다. 그렇게 하지 않으면 신수가 좀 좋지 않으리라.

21. 화풍정(火風鼎)

금단선약(金丹仙藥)을 솥에 달이는 괘요,
옛것을 버리고 새것을 취하는 상이라.

卦鼎風火
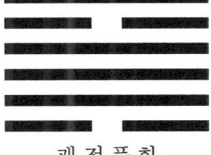
괘정풍화

| 괘상(卦象) |

화복(禍福)은 사람이 어떻게 하지 못하는 것이니 마음을 닦고 몸가짐을 바로 하면 때를 기다려 복록이 자연히 오는 상이라.

| 하늘점[天時占] |

3일 동안 비 온 후에 바람이 일고, 하루는 구름이 많고 하루는 맑으리라.

| 재수점(財數占) |

토지나 건물의 일로 관청을 들락거려 생긴 재물이거나 벼슬하는 자와 의논하여 생긴 재물이로다. 가을철이나 신유일(申酉日)에 길하리라.

| 벼슬점[求仕占] |

사방으로 분주히 다니며 벼슬을 얻으려고 애는 쓰나 방해하는 사람이 있어 쉽지 않도다. 이름만 있고 실상은 없는 괘라.

| 송사점(訟事占) |

작은 시비로 인한 소송이니 서로 양보하여 화해하라. 그렇지 않으면 관액을 면치 못하리라.

| 병점(病占) |

 토하고 복통이 있으며 혈중(血症)이 있는 병인데 속히 낫기 어렵도다. 또한 여자 귀신이 침범하여 꿈에도 여자가 많이 보이고 물이 보이리라. 부처님께 기도하고 서남방으로 가서 약을 구하여 먹으면 보름 안으로 차도가 있으리라.

| 태점(胎占) |

 축미일(丑未日)에 사내아이를 순산하리니 산모에게 재앙이 있으나 조만간 다 무사태평하리라.

| 혼인점(婚姻占) |

 4, 5, 6월에 혼인하리라. 그러나 주위에서 말이 많도다. 신랑은 대장부요, 신부는 현숙하니 평생 원앙의 짝이라. 부귀를 누리는 상이도다.

| 대인점(待人占) |

 길 가는 중에 동행을 정하지 못하여 근심하는 괘로다. 오기 어려우니 기다림이 허사로다.

| 출행점(出行占) |

 세 사람과 동행하면 길한데 서쪽으로 백 리를 가면 소원을 성취하고 재물을 얻어 돌아오리라.

| 실물점(失物占) |

　동남쪽으로 찾으면 10일 안에 얻는데 이 물건이 창고 속이나 빈터에 있으리라.

| 매매점(賣買占) |

　남을 잘 사귀어야 이익이 많으리라. 귀인이 서방에 있으니 만나면 도우리니 7, 8월에 큰 재물을 얻을 수라.

| 경영점(經營占) |

　남과 다투지 말고 일을 화평하게 하라. 무슨 일이든지 서너 번 한 후에 소원을 이루리니 8, 9월이라. 벼슬은 바라지 말라.

| 가택점(家宅占) |

　집안에 관재구설수가 있으니 집을 떠나지 않으면 형제 중에 액을 당하도다. 부모의 근심이 있고 가사와 장삼을 입을 수라.

| 사람 찾는 점[尋人占] |

　세 사람이 동쪽의 빈 집터에 있는데 지금은 아무리 찾으려 하여도 찾지 못하고 애만 쓰리라.

| 계약점(契約占) |

　한나라와 초나라가 천하를 반으로 나누어 화친하는 것과 같으

니 겉으로는 좋은 척하나 안으로는 서로 원수라. 서로 싸우는 상이라.

| 신수점(身數占) |

일월에 문서에 일이 생기나 이 일은 손재주가 있어야 하며 3월이 길하도다. 4월에 멀리 떠나고 구설로 소란하며 6, 7월은 운수가 불길하고 8월에는 만사가 여의하나 벼슬은 바라지 말라.

여름철에 집안이 불길하여 우환이 있도다. 집을 이사하면 식구가 늘고 자손에 경사가 있으리라. 겨울철에는 모든 일이 새로워지고 집안이 태평하리라. 자손이 길가에 서 있는 상이니 부자가 서로 떠나 있느니라.

11, 12월에 형제에게 액이 있는데 따로 살면 무사하리라.

22. 화수미제(火水未濟)

바다에 들어가 보주(寶珠)를 구하는 괘요,
근심 중에 기쁜 일을 보는 상이라.

| 괘상(卦象) |

　음양(陰陽)이 고르지 못하여 소가 머리는 하나인데 꼬리는 둘인 상이라. 허황하며 일을 갈피 잡을 수 없도다. 봄철에 흉한 것은 가고 길함이 오리라.

| 하늘점[天時占] |

　비가 조금 오나 그 후로는 크게 가물도다. 당분간 비를 기다리지 말라.

| 재수점(財數占) |

　산을 아홉 길이나 파도 그 공은 한 삼태기에 지나지 않으니 고생만 하고 이익이 없도다. 차라리 때를 기다려 가만히 있으라.

| 벼슬점[求仕占] |

　6월 신일(申日)이 좋지만 참다운 벼슬이 아니니 무엇이 좋으리오. 돈만 허비하니 구하지 말라.

| 송사점(訟事占) |

　내가 이기는데 끝내는 서로 화해하리라.

| 병점(病占) |

　전에 있던 병이 다시 재발한 것이라. 소화가 안돼 난 병이니 약을 먹고 치료를 잘하면 5, 6일 내로 나으리라.

| **태점**(胎占) |

딸을 낳은 사람은 이번에는 아들을 낳고, 아들을 낳았던 사람은 딸을 낳으며 첫 해산이면 딸을 낳으리라.

| **혼인점**(婚姻占) |

처음에는 어려우나 쉽게 되리라. 집안의 결혼하는 사람이 중매를 서나 여자가 음란하여 화류계에 뜻이 있도다.

| **대인점**(待人占) |

해일(亥日)에 오도다. 3일 내로 보리라.

| **출행점**(出行占) |

멀리 가지 말고 가까운 데로 가면 대길하도다.

| **실물점**(失物占) |

이 물건은 신령님을 모신 곳 근처에 있으니 두 사람이 서남쪽으로 가 찾으라.

| **매매점**(賣買占) |

해묘미일(亥卯未日)에 길인을 사귀어 유익한 일이 생기지만 사오일(巳午日)이면 그 돈이 다시 나가리라.

경영점(經營占)

형제와 의논하여 서쪽에서 구하라. 가을이나 유술일(酉戌日)에 자연히 길한 일이 생기리라.

가택점(家宅占)

집의 앉은 방향이 좋지 못하고 다니기도 불편하니 다시 고쳐야 지덕(地德)이 있고 자손도 창성하리라.

사람 찾는 점[尋人占]

남쪽으로 5리쯤 가면 찾으리라. 가르쳐 줄 사람이 있도다.

계약점(契約占)

뜻이 합하고 마음이 합하니 무슨 일이든지 하라. 이로움은 많고 해는 없도다. 귀인이 도우니 길하리라.

신수점(身數占)

겨울철에 신수가 대통하고 만사여의하며, 여름에는 남쪽으로 비단 구름이 자욱하여 천상의 신명(神明)이 돕는 상이라. 가을에는 처자궁에 좋은 일이 있고 부모궁이 편하도다. 10, 11월에 수액(水厄)이 있으나 마음먹은 뜻을 이루리라. 근심되는 일이 있으면 신령님께 기도하라. 3, 4월에 자손에게 좋은 일이 있고, 4, 5월에는 처액이 있으며, 6월이나 12월에 병이 있기 쉽도다.

23. 화산려(火山旅)

새 보금자리에 불이 난 괘요,
영화로운 일이 다하고 슬픈 일이 생기는 상이라.

卦旅山火

괘려산화

| 괘상(卦象) |

대장부가 천군만마를 거느리고 전장에서 싸우는 격이라. 한 달에 세 번씩이나 이겨 임금의 공을 갚고 벼슬이 오르니 집안의 경사요, 나라에 충성이 지극한 상이라.

| 하늘점[天時占] |

바람도 안 불고 비도 오지 않아 날이 맑기만 하여 오래 가물도다.

| 재수점(財數占) |

생각을 많이 하여야 길하니 여러 가지로 경영하라. 또 일을 빨리하려 하지 말고 천천히 하며, 복잡하게 하지 말고 침착하게 하라. 7, 8월이나 신유일(申酉日)에 우연히 성사하리라.

| 벼슬점[求仕占] |

벼슬을 구하러 멀리 가면 관액이 있도다. 불길하니 천천히 일을 도모하면 작은 일은 되나 좋지 못하리라.

| 송사점(訟事占) |

재판을 하지 말고 화해하라. 고집을 꺾지 않고 끝내 재판을 하면 관액이 두렵도다.

병점(病占)

오래된 병이면 낫기 쉽지만 보름 안에 생긴 병이면 고치기 어렵고 수십일을 고생하리라.

태점(胎占)

여자아이를 낳는 수라. 밤중에 순산하는데 아이가 귀인이라. 위인이 분명하고 미색이며 재주가 출중하니라.

혼인점(婚姻占)

몇 사람이 중매를 서 두세 곳에서 서로 혼인하겠다고 다투니라. 그러나 곧 화해하는데 신랑, 신부가 부모가 없으리라.

대인점(待人占)

멀리 갔고 소식도 없으니 애태우며 기다리지 말라.

출행점(出行占)

동쪽으로 가려다가 서쪽으로 가리라. 재물을 구하려다 실물수(失物數)가 있어 오히려 손해를 보리라.

매매점(賣買占)

동남방이나 서방에 귀인이 있어 도우니 적은 자본으로 큰돈을 얻으리라. 7, 8, 9월에 황금을 수중에서 희롱하리라.

| 경영점(經營占) |

봄철만 잘 지내고 여름부터 활동하여 영업을 하면 가을, 겨울에 큰 이익을 보리라.

| 가택점(家宅占) |

집안이 평안하고 지덕(地德)이 좋은데 무엇을 묻느뇨.

| 사람 찾는 점[尋人占] |

떠난 지 오래됐고 멀리 갔으니 찾지 말라.

| 계약점(契約占) |

타지의 사람과 약속하면 길하고 좋은 일이 많으리라.

| 신수점(身數占) |

이 괘는 사계절이 다 이롭지 못하니라. 운수가 불길하여 집안에 남아 있는 것이 없도다. 여름에 손재와 처액이 있고 집안이 소란하며 멀리 바깥으로 다니느니라. 정해진 곳이 없으니 집에 돌아올 기약도 없느니라. 천리타향에서 외로운 세월을 보내다가 귀인을 만나 7, 8월에 비단옷을 입고 고향으로 돌아오리라. 설사 오지 않더라도 뜻을 이루니라.

24. 화지진(火地晉)

보검이 난세를 만난 괘요,
현명한 임금이 어진 신하를 얻은 상이라.

| 괘상(卦象) |

목전에 좋은 일이 당도하고 두 사람을 반가이 맞으니 복록이 진진하고 만사 대길한 상이라.

| 하늘점[天時占] |

바람이 은은히 불어 먼지가 날리지 않도다. 사해일(巳亥日)에 비가 오리라.

| 재수점(財數占) |

혼자 구하지 말고 서너 명과 같이 구하라. 묘술일(卯戌日)에 뜻을 이루리라.

| 벼슬점[求仕占] |

아는 사람에게 부탁하면 일을 잘 해주리라. 그러나 모르는 사람에게는 하지 말라. 4, 5월에 기쁜 소식이 들리리라.

| 송사점(訟事占) |

이 재판은 내외지간에 불화한 일인데 흉한 사람이 방해하니 관액을 조심하라.

| 병점(病占) |

여자가 병들었으면 위태하고 남자의 병이면 고치기 쉬우리라. 먹지 못하고 사지가 아프며 위아래의 기운이 고르지 못하니 산천에서 기도하라.

| 태점(胎占) |

이 아이는 남녀를 막론하고 며칠 못 살고 저승에 갈 것이니 상심하지 말라. 대흉하도다.

| 혼인점(婚姻占) |

한 여자의 중매로 되는데 별말도 없이 성사되니 인연이 깊은 부부라.

| 대인점(待人占) |

서남방에 있으며 가까운 장래에 돌아오리라. 축미일(丑未日)이 아니면 진유일(辰酉日)에 돌아오리라.

| 출행점(出行占) |

두 사람이 동쪽으로 행하면 길하리라. 남방은 불길한 방위라.

| 실물점(失物占) |

이 물건은 집안 서남쪽으로 창고나 그릇 안에 있으나 찾더라도

다시 잃을 것이니 차라리 찾지 말지어다.

| 매매점(賣買占) |

윗사람이 방해하니 불길하고 재수(財數)가 없으므로 하지 말라.

| 경영점(經營占) |

문서만 길하고 다른 운수는 없으니 다른 것은 바라지 말라. 도와줄 귀인도 없어 한탄으로 세월만 보내도다. 그러나 3월, 6월에 문서로 반가운 일이 있으리라.

| 가택점(家宅占) |

식구가 늘고 두 가지 기쁜 일이 생길 수라. 집의 문이 바르지 않으니 다시 고쳐야 하리라.

| 사람 찾는 점[尋人占] |

남쪽에서 보리라. 멀리 가지 않았으니 가까이에서 찾으라.

| 계약점(契約占) |

상대편이 나를 도우니 일이 쉬우니라. 6월과 9월에 기쁜 일이 많으리라.

| 신수점(身數占) |

　1, 2월에 재수 있고 3월에 전도가 양양하리라. 재앙은 물러가고 복록은 오느니라. 여름에 병이 좀 생기나 대액은 없고 가을에 약간의 돈을 손해 보리라. 겨울에는 몸이 태평하고 집안도 무고하리라. 그러나 6월, 12월에 자손으로 근심이 있도다.

25. 뇌천대장(雷天大壯)

우레가 백 리에 진동하는 괘요,
소리만 있고 형상은 없는 상이라.

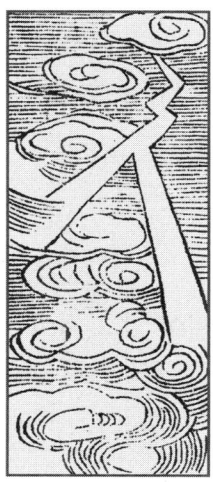

| 괘상(卦象) |

큰 권세로 고대광실에 높이 앉으니 명예가 천하에 진동하나 실상 일이 성사되는 것은 적은 상이라.

| 하늘점[天時占] |

비가 솔솔 오는데 얼른 개이지는 않으나 인신일(寅申日)이면 맑으리라.

| 재수점(財數占) |

좌우로 다 막혀 근심이 태산 같도다. 혹 돈이 좀 생기더라도 좋은 것은 없고 걱정거리만 느는구나.

| 벼슬점[求仕占] |

돌아다니는 벼슬이니 사람을 영접하고 지휘하리라. 신자진일(申子辰日)에 소식이 있도다.

| 송사점(訟事占) |

이 송사는 크게 놀랄 일이 있고 액이 있으니 해일(亥日)을 조심하라.

| 병점(病占) |

복통이 있고 사지를 마음대로 움직일 수 없으며 왼쪽이 열이 심한 병이라. 남자의 병이면 가볍고 여자면 중하며, 오래된 병이면 살지 못하고 병이 난 지 며칠 안 된 병이면 2~3일 내로 나으리라.

| 태점(胎占) |

사내아이를 낳을 수라. 해묘미일(亥卯未日)에 순산하고 아이가 기골이 장대하며 목소리가 우렁차 장래에 대장부가 되리라. 그러나 산모가 아프리라.

| 혼인점(婚姻占) |

여자가 얼굴에 흉이 있으리라. 이목구비에 병이 없으면 팔자가 세고 혼인도 잘 되지 않도다. 불길하니라.

| 대인점(待人占) |

두 사람이 움직였는데 놀랍고 두려운 일을 당하여 자축일(子丑日)에 돌아오리라.

| 출행점(出行占) |

만일 급히 움직이면 놀랄 일과 위험한 일이 있으리라. 천천히 신유일(申酉日)에 행하되 멀리는 가지 않는 것이 좋으리라.

| 실물점(失物占) |

이는 집 앞의 아주 친한 사람이 가져갔으니 찾지 말라.

| 매매점(賣買占) |

남의 힘을 빌려 일을 성사시키고자 하니 어찌 쉽겠는가. 분수를 지켜 하지 말지어다.

| 경영점(經營占) |

부모와 같은 사람과 하는 것이 길하고 다른 생각은 하지 말라.

| 가택점(家宅占) |

집의 앉은 방향이 신령을 모신 근처에 있는데 지덕(地德)이 좋지 못한 고로 서쪽으로 이사하는 것이 길하리라.

| 사람 찾는 점[尋人占] |

부부가 다 움직였는데 근처가 아니라 타지로 갔느니라. 찾으러 가다가 중간쯤에서 만나리라.

| 계약점(契約占) |

나의 좋은 문서를 남과 상의하지 말라. 속이 좋지 않으니 믿으면 실패를 하고 안 믿으면 길하리라.

| 신수점(身數占) |

산에서 도를 닦으며 좋은 때를 기다리라. 문을 닫고 마음을 닦아 성품을 기르라. 그렇지 않고 허망한 욕심을 내어 무엇을 구하다가는 집안에 재앙이 생기고 몸에 액이 떠나지 않으니라. 자손의 근심이 2, 4, 5월에 있고 10, 11월에 재물로 인하여 큰 재앙을 보리니 남쪽의 산에 가서 3일 동안 기도하라. 부모궁도 불길하고 육친의 덕도 없느니라.

26. 뇌택귀매(雷澤歸妹)

뜬구름이 일월을 가린 괘요,
음양이 서로 조화하지 못한 상이라.

| 괘상(卦象) |

동서로 각각 있어 서로 생각하니 타향이 아무리 좋다 한들 집만 하랴. 고향의 부모와 처자를 생각하여 하루아침에 말을 타고 집으로 돌아오는 상이라.

| 하늘점[天時占] |

비는 적게 오고 우레는 진동하니 해자일(亥子日)이 되어야 개리라.

| 재수점(財數占) |

귀인이 소개하거나 여인의 주선으로 되리니 1, 2월이나 인묘일(寅卯日)에 희소식이 있고 가을, 겨울에 큰 재수를 보리라.

| 벼슬점[求仕占] |

새로이 벼슬을 하려고 하는 것은 불길하고, 벼슬을 하던 사람이 다시 하려고 하는 것은 쉬우니라. 친척 중에 귀인이 있으니 5, 6월에 복직되리라.

| 송사점(訟事占) |

여인이 있어 도우니 일이 다 무사하며 송사가 곧 그치리라.

| 병점(病占) |

이 병은 한중(寒症)이나 혈중(血症)인데 남쪽으로 여자 귀신이 침범하여 난 병이라. 혹 꿈속에서 꽃이나 불이 보이고 정신이 산란하여 고치기 어렵도다. 불공을 하면 좀 나을까 하노라.

| 태점(胎占) |

여자아이를 낳으면 무사하기 쉬우나 남자아이를 낳으면 모자가 대흉하여 목숨이 위태하도다.

| 혼인점(婚姻占) |

신부가 얼굴이 아름답고 순진하지만 남편이 둘이 있는 상이라. 남편 외의 남자를 어떻게 하리오. 불길하도다.

| 대인점(待人占) |

어떤 사람이 잠시 있게 하여 저잣거리에 있으니 머지않아 보리라.

| 출행점(出行占) |

지금 가지 말고 다음 달 미신일(未申日)에 움직이라. 돈에 관계된 일이면 가지 말고 다른 일이면 길하리라.

| 실물점(失物占) |

여자가 가져갔는데 유일(酉日)이나 묘일(卯日)에 찾으리라.

| 매매점(賣買占) |

헛된 약속을 하지 말라. 무슨 일이 된다고 하느뇨. 서로 뜻은 있으나 일이 어긋났으니 후일을 기다려 다시 하면 길하리라.

| 경영점(經營占) |

무슨 일이든지 여인을 앞세우고 하면 되느니라. 귀인이 동북쪽에 있는데 여자 귀인이라. 봄이나 여름에 일을 하면 대길하리라.

| 가택점(家宅占) |

길가에 있는 집이라 오고 가는 사람이 물건을 집어갈 수 있다.

| 사람 찾는 점[尋人占] |

길 중간쯤 있는데 찾지 못하는 괘라. 찾지 말라. 고생만 되리라.

| 계약점(契約占) |

두 사람은 좋은데 중간에 다른 사람이 훼방하여 불길하게 되었는데 이도 모두 운수소관이라. 어찌 인력으로 그러리오. 길한 것은 가고 흉한 것이 오는 상이라.

신수점(身數占)

　금년은 아름다운 여인과 무슨 일로 약속하니 인연이 깊도다. 그러나 여자의 일로 재앙도 있으니 조심하라. 봄에 좋은 운수가 있고 4, 5월에 남쪽의 귀인이 도와 경사가 있으며, 6월에 부모에게 병이 생기나 곧 나으리라. 가을에는 멀리 가지 말고 집을 지키면 재수 있고 겨울은 몸수가 태평하며 집안이 길하리라.

27. 뇌화풍(雷火豊)

둥근 해가 중천에 떠 있는 괘요,
어두운 것이 변하여 밝은 상이라.

괘상(卦象)

가물었다가 비가 내리니 만물이 싱싱하도다. 세상 인연이 괴로움이 많으니 세상을 멀리하고 청산으로 들어가 도를 닦는 상이라.

하늘점[天時占]

신유일(申酉日)에 비가 오고 인묘일(寅卯日)이면 개리라.

재수점(財數占)

재수를 구하려다가는 도리어 손재하리니 처음부터 구하지 말라. 형제나 친한 사람을 믿다가는 손해 보아 밑천까지도 없어지리라.

벼슬점[求仕占]

6월, 12월이나 축미일(丑未日)에 문서로 좋은 일이 생겨 관직이 생기니 길한 일이 당도하였느니라.

송사점(訟事占)

작은 일이 큰일이 되니 일이 반복하고 말이 많은 상황이니라. 손재하고 욕을 보리라.

| 병점(病占) |

가슴이 답답하고 한열(寒熱)이 있다 없다 하며 살이 아프고 요통이 심하도다. 동쪽에 있는 의사의 약을 먹으면 일주일 정도면 나으리라.

| 태점(胎占) |

이 아이는 사람이 완전하지 못하면서 장수하지 못하고, 또 산모에게도 병이 있어 위태하니라.

| 혼인점(婚姻占) |

남자나 여자에게 장애가 있고 얼굴에 흉이 있는데, 그렇다면 길하고 그렇지 않으면 불길하리라.

| 대인점(待人占) |

오지도 않고 소식도 없으니 답답하고 궁금함이 많으리라. 그러나 축미일(丑未日)을 기다리면 소식을 들으리라.

| 출행점(出行占) |

길이 다하고 산으로 막혀 방황하며 정처가 없는 격이니 동하면 불길하고 험한 일을 당하는 수라. 가지 말지어다.

실물점(失物占)

　물건이 남쪽에 있는데 진신일(辰申日)에 노인이 가르쳐주어 찾으리라.

매매점(賣買占)

　인오미신일(寅午未申日)에 소원을 성취하여 기쁘리라. 그러나 토지에는 관계하지 말라.

경영점(經營占)

　구름이 흩어져 밝은 달이 중천에 떠 있는 격이니 만사가 대길한 상이라. 동남방의 귀인이 도우니 가을, 겨울에 대길하리라.

가택점(家宅占)

　높은 언덕 사이에 집이 있어 지덕(地德)이 불길하고 집안이 소란하니 집을 떠나거나 동쪽으로 문을 다시 내면 길하리라.

사람 찾는 점[尋人占]

　이 사람이 관청 근처에 있는데 쉽게 보지 못하리라.

계약점(契約占)

　힘은 적게 들고 결과는 좋으니 운수가 좋도다. 귀인이 길성을 가지고 와 도우니 경사스러운 일이 많으리라.

| 신수점(身數占) |

1, 2월은 부모의 근심이 있도다. 3~5월은 재수대통하고 귀인을 만나며 집안의 경사가 있으리라. 여자는 가까이하지 말라. 음흉한 모략을 입기 쉽도다. 7, 8월에 형제간의 일이 있고, 10, 11월에 자손에게 좋은 일이 있으리라. 1년 수가 선흉후길(先凶後吉)하도다.

28. 중진뢰(重震雷)

쇠북소리가 사방에 진동하는 괘요,
실상은 없고 소리만 웅장한 상이라.

| 괘상(卦象) |

　명예가 천하에 진동하여 위엄이 있으나 사실 성사되는 일은 없으니 허(虛)한 것은 버리고 실(實)한 일에 종사해야 하는 상이라.

| 하늘점[天時占] |

　천둥과 번개가 치고 먹구름이 가득하여 큰비가 오는 상이라. 비바람이 심하여 여러 날 맑지 않으리라.

| 재수점(財數占) |

　속히 구하면 큰 재물을 얻느니라. 지체하지 말라.

| 벼슬점[求仕占] |

　봄, 여름에 높은 벼슬을 하고 가을, 겨울에는 이름만 있고 실상은 없도다. 동남방으로 귀인이 도우니 진유일(辰酉日)이 되면 희소식을 들으리라.

| 송사점(訟事占) |

　공연히 말을 잘못하여 일어난 송사나 4, 5일 내로 풀리리라.

| 병점(病占) |

　이 병은 오래된 병이면 목숨이 위태롭고, 며칠 되지 않은 병이면 곧 나으리라.

| 태점(胎占) |

　진사일(辰巳日)에 사내아이를 낳는데 해산할 때 놀랄 일이 있으리라. 놀라면 산모에게 병이 되리라. 여자아이를 낳으면 아무 탈이 없느니라.

| 혼인점(婚姻占) |

　이 혼인은 서북방으로 하면 성사도 되면서 대길하니라. 만약 동남방으로 하면 과부 될 여자를 만나 불길하도다.

| 대인점(待人占) |

　진묘일(辰卯日)에 소식이 오고 세 사람이 동행하는데 길 중간에서 만나기 쉬우리라.

| 출행점(出行占) |

　두 사람이 동행하면 길하고 혼자는 흉하며, 남방으로 행해야 하고 동방은 대흉하도다. 관인(官人)과 동행하지 말라.

| 실물점(失物占) |

　당일 내로 찾지 못하면 못 찾으리라.

| 매매점(賣買占) |

　오미일(午未日)이면 길하도다. 재수 대통하니 횡재할 수라.

| 경영점(經營占) |

이 점은 유명무실한 상이라. 헛된 일을 하지 말고 참된 일에 힘을 써야 하리라.

| 가택점(家宅占) |

가축에 해가 있고 집안에 놀랄 일이 생기리라. 고사를 지내면 험한 일이 없어지고 길하리라. 가을, 겨울에 우연히 좋은 일이 생기리라.

| 사람 찾는 점[尋人占] |

동남쪽으로 5리 정도 가면 중간에서 만나리라.

| 계약점(契約占) |

일이 되려고 하다가 안 되고 하는데 상대방과 서로 합심하지 못하여 불길하고 중간에 사람들이 농간하도다.

| 신수점(身數占) |

1, 2월에는 아무 일도 하지 말고 3월부터 시작하면 차차 좋아져서 4, 5월에 횡재수가 있으며 집안의 경사도 생기리라. 멀리 가면 길에서 재수 있고 길인이 사방에 있어 만사형통하리라.

여름에는 여인의 도움이 많고 또 미인을 만나는 수라. 7, 8월에 구설로 요란하나 돈을 쓰면 무사하고, 9, 10월에는 편안하고 편안하도다.

    10, 11월에 형제궁에 길한 경사가 있으리라. 남이라도 다 믿으라. 다 내 일을 돕는 사람이므로 아무 험한 일이 없으리라.

29. 뇌풍항(雷風恒)

일월이 밝은 괘요,
사계절에 만물이 생장(生長)하는 상이라.

卦恒風雷

괘항풍뢰

| 괘상(卦象) |

　귀인이 서로 이끌어 머지않아 대귀하고, 뜻을 세워 경륜하니 만인의 신망을 얻는 격이라. 참으로 대장부의 모습이라.

| 하늘점[天時占] |

　비가 오나 4, 5일이면 먹구름이 흩어져 날이 개고 시원한 바람이 불도다.

| 재수점(財數占) |

　저잣거리에서 구하면 4, 5월이 길하고, 멀리 가서 구하는 것도 좋으니 서남방에서 힘써 구하라.

| 벼슬점[求仕占] |

　선흉후길(先凶後吉)한데 힘은 적게 들고 공은 많도다. 벼슬에 올라 이름을 날리고 권력을 쥐어 위엄이 있으리라. 3월, 8월에 대통운이 드니 뜻대로 일이 되리라.

| 송사점(訟事占) |

　소인의 모략으로 인한 송사인데 놀라는 일은 있으나 액은 없도다.

| 병점(病占) |

이는 백호상문살(白虎喪門殺)이 동하고 서북쪽에서 목매달아 죽은 귀신이 침범하여 정신이 혼미하고 사지가 무거우며 배가 아프면서 답답하니 무슨 약이든 효과가 없도다. 남방으로 말띠나 쥐띠인 의원을 청하여 약을 쓰고 서방으로 가서 기도하면 나으리라.

| 태점(胎占) |

사내아이를 낳으나 산모에게 병이 있으니 삼신께 빌어야 차도가 있으리라.

| 혼인점(婚姻占) |

이 혼인은 부창부수(夫唱婦隨)하는 상이라. 대길하고 원앙새의 짝과 같도다. 여자를 저잣거리에서 구하라. 다른 사람과 혼인하면 불길하도다.

| 대인점(待人占) |

작은 길로 오는데 묘술일(卯戌日)이면 당도하리라.

| 출행점(出行占) |

길에서 객귀(客鬼)가 동하니 문밖을 나가지 말라. 고집을 세워 먼 길을 가다가는 필경 흉한 일을 당하도다.

| 실물점(失物占) |

쇠 종류의 물건이면 찾을 수 있고, 나무로 된 물건이면 멀리 가서 힘만 들고 찾지 못하리라.

| 매매점(賣買占) |

귀인을 만나 큰 이익을 보는 괘라. 사일(巳日)과 진일(辰日)에 귀한 일을 겪고 보화를 가지게 되니, 무엇을 근심하리오.

| 경영점(經營占) |

적은 자본으로 큰 이득을 얻으니 진술일(辰戌日)에 큰 재물을 얻도다.

| 가택점(家宅占) |

집을 가지고 이러고저러고 하지 말고 가만히 있으라. 부모가 편히 계시고 지덕(地德)이 좋은 곳이도다. 설혹 불안한 일이 있더라도 불원간 다 사라지고 만사가 대길하리라.

| 사람 찾는 점[尋人占] |

천천히 찾되 한 사람과 동행하면 묘술일(卯戌日)에 만나리라.

계약점(契約占)

춘하추동이 하늘의 기운에 응하여 만물을 생장염장(生長斂長)하게 하고 사람도 세상을 경륜하매 마땅히 도와주는 사람이 있어야 성사하는 법이라. 이 점은 서남방의 길인이 도우니 흉한 일은 없고 길한 일이 많도다.

신수점(身數占)

벼슬하는 사람은 품직이 오르고 상인은 큰 이익을 보리라. 2월에는 구설이 있고, 3, 4월은 복록이 많고 매사가 뜻대로 되며, 7, 8월에 조금 손해를 보고, 10, 11월에는 자손에 근심이 있으리라. 1년 운수가 길함은 많고 흉함은 적으니 좋은 신수도다. 그러나 형제에게 액이 있으니 조심하라.

30. 뇌수해(雷水解)

명관(明官)의 힘을 입어 고생을 면하고 나오는 괘요,
겨울을 넘긴 초목이 봄을 맞는 상이라.

| 괘상(卦象) |

일이 그릇되어 감옥에 갇히는 액을 당하였다가 태을진인(太乙眞人)의 도움으로 세상을 다시 구경하니, 이는 마음이 착한 까닭이라. 길인이 도와 만사 여의한 상이라.

| 하늘점[天時占] |

연일 비가 오고 바람이 불며 우렛소리도 나는데 사일(巳日)이 되어야 개리라.

| 재수점(財數占) |

서북방으로 구하되 세 차례는 구해야 비로소 뜻을 이루리라.

| 벼슬점[求仕占] |

두세 번 애를 써야 5월이나 사유일(巳酉日)에 서방의 귀인이 도와 이름을 날리리라. 가을에 대길하도다.

| 송사점(訟事占) |

4월에 재판하면 불길하나 그렇지 않으면 송사가 되지 않으리라.

| 병점(病占) |

남쪽으로 가 약을 구하여 쓰면 10일 안에 나으리라.

| 태점(胎占) |

순산하고 산모도 무사하니 인오일(寅午日) 날 낮에 낳으리라.

| 혼인점(婚姻占) |

혼인하리라. 남자나 여자 둘 중의 한 명은 얼굴에 흉이 있고, 신유일(申酉日)에 결혼하리라.

| 대인점(待人占) |

그 사람이 길 중간에 있는 상인데 소식도 없고 돌아올 희망이 없도다. 기다리지 말라.

| 출행점(出行占) |

집에 있어야 길한 일이 있고 멀리 가면 불길한 일로 근심이 쌓이니 움직이지 말지어다.

| 실물점(失物占) |

동쪽으로 도적이 있는데 속히 찾으면 3일 내로 찾으리라.

| 매매점(賣買占) |

내가 남을 돕는 상인데 길하지 않도다. 벼슬아치와 관계하면 구설이 많고 불편한 일이 많으리라.

| 경영점(經營占) |

몸에 재수가 붙어 있어 남방으로 장사하면 큰 이익을 얻으리라. 그러나 멀리 가서 하지는 말라. 두 길성(吉星)이 몸을 둘렀으니 두 사람의 도움을 입어 좋은 일을 보리라.

| 가택점(家宅占) |

아내가 어질고 현명하며 살림을 잘하니 복록이 오리라. 편안하게 잘 살면 식구도 늘리라.

| 사람 찾는 점[尋人占] |

북방으로 십 리쯤 가면 찾아줄 사람이 있어서 쉽게 보리라.

| 계약점(契約占) |

저 사람은 권리를 가지고 나는 돈을 가지고 있어 아무리 잘하여도 내게 이익이 적도다. 그러나 말띠인 사람을 내세우면 큰 이익을 얻으리라.

| **신수점**(身數占) |

　금년은 액을 면하고 비로소 성취하는 상이니 고생한 후에 길한 일이 성사되도다. 봄에는 몸이 곤하고 처궁에 재앙이 있으며, 여름은 고목이 봄을 맞는 것과 같이 재수가 있고 집안도 편안하며 만사가 길하리라. 1년 동안 먼 곳을 가지 말고 남방의 귀인과 큰 일을 의논하면 대길한 일이 많도다.

　5, 6월에 자손의 경사가 있고 또 사내아이를 낳으니 귀자로다. 겨울은 아무 험한 일이 없고 식구가 늘리라.

31. 뇌산소과(雷山小過)

하늘 높이 나는 새가 길게 우는 괘요,
위로는 거슬리고 아래로는 순(順)한 상이라.

| 괘상(卦象) |

성급하게 일을 하면 재앙이 일어나고 천천히 하면 무사함이요, 세상에 있어도 이름을 숨기고 때를 기다리는 상이라.

| 하늘점[天時占] |

인묘일(寅卯日)에 비가 그치고 맑으리라.

| 재수점(財數占) |

적은 재물은 얻기 쉽지만 큰 재물은 바라지도 못하고, 또 안 되리라. 바깥에서 운영하면 손해를 보도다. 7, 8월에 불길하니라.

| 벼슬점[求仕占] |

5, 6월에 벼슬을 하다가 10, 11월에 남쪽으로 자리를 옮겨 품직이 오르리라.

| 송사점(訟事占) |

5, 6월에 송사가 일어나 구설이 분분하다가 결국은 화해하고 해자일(亥子日)에 무사하리라.

| 병점(病占) |

건강에 이상이 있어 난 병이 아니면 5일 전에 동쪽으로 갔다가 얻은 병이니 약이 효과가 없도다. 이 병이 난 후로 집안이 불안하여 정신을 차릴 수가 없을 것이니 북두칠성께 기도하면 길하리라.

| 태점(胎占) |

　뱃속의 태(胎)가 불안하고 아이가 자꾸 움직이니 불길한 재앙이 일어나기 쉬우며, 또 순산하지도 못하리니 일이 난처하도다.

| 혼인점(婚姻占) |

　같이 살게 됨이니 멀지 않도다. 중매쟁이가 왔다 갔다 하니 서로 좋다고 하여 가까운 시일 안에 혼인하리라. 천생배필이요, 평생 동고동락하니 길하도다.

| 대인점(待人占) |

　아무 험한 일 없이 오는 괘라. 인신일(寅申日)이 좋은데 즉시 오기 쉽도다.

| 출행점(出行占) |

　원행(遠行)하면 고생만 하고 재물을 손해 보며 모든 일이 불길하니 움직이지 말라.

| 실물점(失物占) |

　만일 이 물건을 찾으면 다시 잃고 좋지 않은 일이 많이 생기리라.

| 매매점(賣買占) |

　분수를 지켜야 하는데 망령되이 움직이면 불길하니라.

| 경영점(經營占) |

1월 안에 무슨 일이든지 성취하는데 원행하여 경영하는 일만 피하면 그 외의 일은 다 길하리라.

| 가택점(家宅占) |

다른 사람과 같이 살면 집안이 평안하고 재앙이 소멸하며 길한 일이 있으리라.

| 사람 찾는 점[尋人占] |

이 사람이 도망하여 멀리 갔으니 반드시 한 사람과 같이 동남방으로 찾으면 5일 내로 보리라.

| 계약점(契約占) |

은인이 원수 되니 하지 말라. 분수를 지켜 욕심을 내지 말지어다.

| 신수점(身數占) |

봄에 비로소 길인을 만나니 재수가 대길하고 여름에는 벼슬로 기쁜 일이 있으며, 5, 6월에 남방에서 경영하는 일이 성취되도다. 7월은 여자로 인하여 구설이 분분하니 조심하고 겨울은 벼슬살이에 작은 액이 있을 수라.

만일 상인이면 4, 5월에 관액을 당할 수 있도다.

6월, 12월에 자손에게 근심이 있으니 식구가 줄어드느니라.

32. 뇌지예(雷地豫)

봉황이 새끼를 낳는 괘요,
만물이 발생하는 상이라.

雷地豫卦

괘 예 지 뢰

| 괘상(卦象) |

　재물이 풍족하고 곡식이 많으니 갑을년(甲乙年)에 대길이라. 가화만사성이니 복록은 날로 많아지고 재앙은 소멸하는 상이라.

| 하늘점[天時占] |

　일월이 중천에 떠서 비추니 한 점의 구름도 용납하지 않도다.

| 재수점(財數占) |

　5, 6월에 두 곳에서 큰일을 성취하니 재수대통하고 만사여의하니 유복한 사람이라.

| 벼슬점[求仕占] |

　빨리 구하지 말고 가만히 있으면 8월에 우연히 성사하리니, 이름이 사방에 우레같이 진동하리라.

| 송사점(訟事占) |

　일이 두서가 없고 재물을 손해 보며 미축일(未丑日)에 놀랄 일이 있고 속히 처결이 아니 되다가 사오일(巳午日)에 길하리라.

| 병점(病占) |

　목구멍이 아프고 기침이 나며 뼈가 다 아프고 겉은 춥고 속은 더

우리라. 오랜 병이면 쉽게 낫고 며칠 안 된 병이면 차차 중해져 속히 낫지 못하니라.

| 태점(胎占) |

여름에 낳으면 여자아이고 봄, 가을에 낳으면 남자아이인데, 어느 쪽이나 장수하고 다복한 귀자이니라.

| 혼인점(婚姻占) |

혼인은 되고 여자가 자식을 데리고 시집오도다. 그러나 내외가 모두 좋은 사람이고 인연이 중하여 목숨이 다할 때까지 살리라.

| 대인점(待人占) |

머지않아 돌아오는 괘요, 길에서 좋은 일이 있어 유술일(酉戌日)에 좋은 소식을 들으리라.

| 출행점(出行占) |

움직이지 않고 있으면 사람이 와서 동행하기를 청하는데, 그 사람이 몸에 흉이 있으면 불길하니 흉 없는 사람과 동행하면 길하리라.

| 실물점(失物占) |

집안에 있으니 진사일(辰巳日)이면 서남쪽에서 찾으리라.

| 매매점(賣買占) |

녹(祿)을 띤 귀인이 도우니 재물복이 있고 두 사람이 합심하니 무슨 일이든지 되지 아니하리오. 제갈공명이 남양에서 밭 갈다가 유비를 만나 천하를 경륜하여 대업을 이루는 상이라.

| 경영점(經營占) |

음양이 고르니 만사에 거침이 없고 사계절로 영화롭고 영화롭도다.

| 가택점(家宅占) |

집을 고치면 집안에 경사가 있고 식구가 점점 늘리라.

| 사람 찾는 점[尋人占] |

찾는 사람이 스스로 와서 찾으리라. 자오일(子午日)을 기다리라.

| 계약점(契約占) |

상대편도 착하고 나도 어지니 마음이 합하고 일도 평탄하여 대길하니라.

| 신수점(身數占) |

용이 여의주를 희롱하고 봉황이 상서를 드리우는 상이라. 금년은 운수대통하고 금은이 집안에 가득하니 길성(吉星)이 집을 비춤이라. 혼인도 길하고 벼슬도 높도다. 봄, 여름, 가을 세 계절은 흐르는 물 같아 별로 말할 것이 없고, 겨울에 자손에게 액이 조금 있으나 금방 사라지며 가족이 번성하고 귀인이 사방에서 이르리라.

군자는 큰일을 성취하는 때요, 소인은 운수가 좋은 때라.

33. 풍천소축(風天小畜)

보검을 깊이 감춘 괘요,
구름은 많은데 비가 오지 않는 상이라.

| **괘상**(卦象) |

구름이 흩어지니 날은 이미 저물고, 바라는 바가 지극한데 헛소식이 오는 격이라. 깊은 산으로 가 살고자 하나 집안의 위태한 일을 누구에게 맡기리오. 그러나 5, 6월이면 만사가 여의하도다.

| **하늘점**[天時占] |

한 5일 비가 오다가 바람이 불면서 개리라.

| **재수점**(財數占) |

구설이 앞을 서니 일도 좋지 않고 큰 시비만 있도다. 인오일(寅午日)에 적은 이익은 있으나 길하지 못하니라.

| **벼슬점**[求仕占] |

낭패가 많고 성사되기는 어려우니 차라리 구하지 않는 것이 좋도다.

| **병점**(病占) |

이 병은 시름시름 앓는데 병명을 알 수 없어 속히 고치기 어려우니라. 사오일(巳午日)이면 좀 나으리라.

| 태점(胎占) |

　봄, 여름에 해산하면 사내아이고, 가을, 겨울에 해산하면 여자 아이니라.

| 혼인점(婚姻占) |

　신부가 개가하는데 두 곳에서 청혼하도다. 동남방으로 정하면 길하고, 서남방으로 정하면 불길하여 이별수가 있으리라.

| 대인점(待人占) |

　친척 중의 여자 일인데 왔다 갔다 하니라. 찾지 말라. 오미일(午未日)에 구설수가 있고 불길한 일이 생기리라.

| 출행점(出行占) |

　천기(天氣)가 고르지 않고 운영하는 것이 시원하지 못하니 동하지 말라.

| 실물점(失物占) |

　여자가 가져갔는데 찾지 말라. 찾으려 하면 도리어 해를 당하리라.

| 매매점(賣買占) |

　활발한 상이 아니고 궁핍한 상이니 이익은 없고 해만 보리라.

| 경영점(經營占) |

음양이 때를 잃고 풍우가 고르지 못하니 집을 나가지 말고 날이 청명하기를 기다리라.

| 가택점(家宅占) |

집안에서 부부가 서로 눈을 흘기고 있으니 불안하고 손재수(損財數)가 있도다.

| 사람 찾는 점[尋人占] |

남쪽으로 백 리 정도 갔다가 다시 서쪽으로 갔으니 찾지 말라. 보지 못하리라.

| 계약점(契約占) |

겉으로는 말이 좋고 일을 잘하는 것 같으나 속은 흉하고 해를 입히려 하니 하지 말지어다.

| 신수점(身數占) |

보름밤 둥근달이 만 리에 밝았는데 외로운 배로 만경창파를 헤치고 가니 부모, 형제, 처자 생각이 간절하여 노래로 회포를 푸는 상이라. 봄에는 몸에 병이 있고, 여름은 집안이 불안하고 이별수가 있도다.

7, 8월에는 공연한 구설수로 시끄러운데 수족 같은 사람이 원

수가 되리라.

　전생에 무슨 죄가 있어 이 지경까지 되었는고 하며 한탄하나 인과응보를 어찌하리오. 10월이 돼야 액운이 점차 물러가고 길하리라.

34. 풍택중부(風澤中孚)

학이 우니 새끼가 화답하는 괘요,
때가 이르러 일을 정하는 상이라.

| 괘상(卦象) |

봄바람이 솔솔 부니 고목이 꽃을 피우도다. 마음을 고쳐먹고 용맹한 장부의 마음으로 모든 일에 응(應)하니 경사스러운 일이 많이 생기고 부귀가 절로 오느니라.

| 하늘점[天時占] |

오랫동안 맑고 바람만 불며 비가 오지 않으나 해일(亥日)에 비가 오리라.

| 재수점(財數占) |

악한 살(殺)이 재궁(財宮)을 침범하니 재물을 구하지 말라. 만일 억지로 구하려 하면 실패하고 욕을 당하리라.

| 벼슬점[求仕占] |

높은 귀인을 만나 4, 5월에 뜻을 이루고 집안을 빛내리라.

| 송사점(訟事占) |

횡액을 당하였으니 이리저리 알아보아 소송을 풀라. 그렇지 않으면 관액을 당하고 도적의 재앙도 생기리라.

병점(病占)

춥고 열나고 하며 사지가 불편한데 잡귀(雜鬼)의 농간이라. 약이 효험이 없으니 남쪽으로 가 신령님께 기도해야 길하리라.

태점(胎占)

이 아이는 남자건 여자건 불길하고 장수하지 못하며, 집안에도 해로우니 다른 집에서 해산을 하게 하고 만일 신령님께 기도하여 잉태한 자식이면 길하리라.

혼인점(婚姻占)

혼인이 되려고 하는데 어떤 사람이 중간에서 방해하여 성사되지 않느니라. 신부가 자식을 낳고 다시 개가하는 여자라. 이별수도 있느니라.

대인점(待人占)

사람은 오지 않고 남이 소식을 전하도다.

출행점(出行占)

길 가는 도중에 위험한 일이 있으니 나가면 불길하고 동하지 않으면 길하니라.

| 실물점(失物占) |

도적이 멀리 갔으니 북쪽으로 3일 내에 찾지 못하면 어려우니라.

| 매매점(賣買占) |

빨리 일을 하면 일은 되나 이익이 없으니 10, 11월에 북쪽의 말띠나 쥐띠인 사람과 약속하면 길하리라.

| 경영점(經營占) |

부모와 형제간의 일이면 길하지만 그 외의 일들은 모두 흉하니 망령되이 움직이지 말라.

| 가택점(家宅占) |

제 자식이 아닌 다른 성의 자식은 있지만 길하고 또 사내아이를 낳으리라.

| 사람 찾는 점[尋人占] |

8~9일 후면 오리라. 해일(亥日)에 오는데 가족 중의 한 사람이니라.

| 계약점(契約占) |

마음을 바로 하여 속임이 없으며 문서로 희소식이 있으리라. 귀인이 임하여 길하리라.

| 신수점(身數占) |

봄에 몸이 곤하고 답답한 일이 많도다. 처궁(妻宮)에 근심이 있고 손재(損財)하며 액을 면하지 못하느니라. 4, 5월에는 신수가 태평하고 바깥의 소식을 들으리라.

가을에는 두 가지의 경사스런 일이 있고 귀인이 손을 잡아끄니 어려운 일은 모두 사라지고 길한 일이 많으며, 9, 10월이면 권세를 잡아 영을 내리느니라. 집안에 재앙이 있으나 가을이 되면 다 소멸되리라.

35. 풍화가인(風火家人)

바다에 들어가 보주(寶珠)를 구하는 괘요,
꽃이 피고 열매를 맺는 상이라.

卦人家火風

괘 인 가 화 풍

괘상(卦象)

황금과 아름다운 옥이 영롱한 빛을 띠고 있는데 어진 장인이 갈고 다듬어 물건을 만들도다. 조상님의 음덕(蔭德)이 중하여 집에 경사가 무궁한 상이라.

하늘점[天時占]

비록 비가 조금 오나 즉시 개리라.

재수점(財數占)

재수(財數)로 두 가지 일이 있는데 한 가지는 큰일이요, 다른 하나는 작은 일이라. 인묘일(寅卯日)에 성사하리라.

벼슬점[求仕占]

문서상으로는 성사될 듯하나 결국은 허망하고 애만 쓰리니 벼슬은 바라지 말고 다른 일을 운영하라.

송사점(訟事占)

말만 많고 송사는 되지 않으며 여자가 음해하지만 소용이 없고, 의심될 일이 있어도 무방하리라.

| 병점(病占) |

이는 밖에서 얻어온 병인데 그 증세를 짐작하기 어렵도다. 그러나 사오일(巳午日)이면 쾌차하리라.

| 태점(胎占) |

신자일(申子日)에 낳으면 사내아이이고, 그렇지 않으면 여자아이니라.

| 혼인점(婚姻占) |

귀인이 중매하니 빨리 성사되고 신부가 현숙하여 가권(家權)을 잡고 집안을 빛내리라.

| 대인점(待人占) |

머지않아 보리라. 해일(亥日)이나 사해시(巳亥時)에 도착하여 기쁜 소식을 전하리라.

| 출행점(出行占) |

의심을 두지 말고 2~3일을 지낸 후에 동하면 무사하고 길인을 만나 재수가 대길하리라.

| 실물점(失物占) |

집안에 있으니 빨리 찾으면 2~3일 내로 찾으리라.

| 매매점(賣買占) |

신수(身數)가 좋고 재수가 대길하니 일이 쉽고 이익이 풍족하리라.

| 경영점(經營占) |

관직은 구하지 말고 그 외에는 전부 잘 되리니 남쪽으로 귀인이 있어 큰 뜻을 이루리라.

| 가택점(家宅占) |

집안에 귀자(貴子)와 현처(賢妻)가 있어 매사를 잘 처리하니 근심이 없고 식구가 늘리라.

| 사람 찾는 점[尋人占] |

서북쪽의 친척 집에 있으니 술해일(戌亥日)에 서북으로 찾으면 즉시 보리라.

| 계약점(契約占) |

여자가 중간에서 소개하는데 일이 평탄하고 종래는 대길하니 오미일(午未日)에 약속하면 되리라.

| 신수점(身數占) |

조상님의 음덕(蔭德)이 있으니 부귀를 누리도다.

봄에 자손에게 기쁜 일이 있고, 4, 5월에는 재수대통하고 길인을 만나 만사여의하며 녹(祿)을 띤 여인이 도우니 집안이 번성하고 멀리서 구하는 일이 뜻대로 되리라.

7, 8월은 신수가 태평하고, 9월에 자손의 일로 분한 일이 있으나 무방하도다. 겨울철에는 문을 닫고 움직이지 말라. 여자 운수면 과부가 되기 쉬우니라.

36. 풍뢰익(風雷益)

기러기가 순풍을 만난 괘요,
물이 바다로 흐르는 상이라.

卦益雷風

괘 익 뢰 풍

| 괘상(卦象) |

5, 6월 크게 가뭄 때에 천둥과 번개가 치며 큰 비가 내리니 만물이 활기를 되찾고 농부들이 격양가(擊壤歌)를 노래하는 상이라.

| 하늘점[天時占] |

미일(未日)에 다시 비가 오리라.

| 재수점(財數占) |

3, 4월과 인묘일(寅卯日)에 재수가 좋고 여인의 도움으로 기쁜 일이 많도다.

| 벼슬점[求仕占] |

수고만 하고 공이 없으니 관록을 구하지 말라. 이치를 거슬러 억지로 구하면 해를 입으리라.

| 송사점(訟事占) |

논밭과 곡식의 일이라. 좋지 못한 사람이 방해하나 송사는 되지 않고 구설도 없어지리라.

| 병점(病占) |

이 병은 있었던 병이 다시 재발하니 혈증(血症)이라. 약을 먹으면

곧 나으리라.

| 태점(胎占) |

여자아이를 낳고 순산하리라. 신유일(申酉日)이나 오일(午日)에 해산하리라. 아이가 예쁘게 생기고 장수하며 다복하니라. 또 부모에게 효성이 지극하리라.

| 혼인점(婚姻占) |

친척이 중매하면 길하고 속히 혼인하게 되는데, 남이 중매하면 여자가 음탕하여 집안 재산을 많이 손해 보게 하리라.

| 대인점(待人占) |

세 사람이 동행하여 동남쪽으로 가는데 아무 일 없이 무사히 가지만 재수(財數)는 길하지 않고 진유일(辰酉日)에 방향을 바꿔 돌아오리라.

| 실물점(失物占) |

이 물건이 남쪽에 있는데 속히 찾으라. 그렇지 않으면 액이 있으리라.

| 매매점(賣買占) |

여자와 일을 하면 즉시하고, 남자와 일을 하면 천천히 하라. 재수가 좋아 큰 이익을 보리라.

| 경영점(經營占) |

집에 있지 말고 일을 하면 길하고 남과 동업하지 말라. 3, 4월과 오미일(午未日)에 운수 대통하는데 벼슬 외의 일이면 모든 일이 다 길하리라.

| 가택점(家宅占) |

집에 들어오면 공연히 심사가 좋지 않고 또 마땅치 않은 사람이 있어서 재물도 손해 보고 집안이 편안하지 않도다. 형제에게도 불길하니 남쪽으로 이사하라.

| 사람 찾는 점[尋人占] |

멀리 가서 찾기가 어렵도다. 아무리 사방으로 수소문한들 소식이 묘연하여 종적을 알 수 없으리라.

| 계약점(契約占) |

멀리 있는 사람과 약속하지 말고 문서로 남기지 말라. 처음과 나중이 판이하게 달라지니 사람을 믿지 말라.

| 신수점(身數占) |

금년에 부모님이 돌아가시기 쉽도다. 2, 3월에 재수가 좋아 4,

5월에 금옥이 집안에 쌓이니라. 복록이 전진하리라. 10, 11월에 이사하는 것이 좋고 자손이 멀리 가는데 좋지 않은 가운데 편안하며 곧 돌아오리라.

　두 부인을 두어 두 집 살림하기 쉽도다. 일희일비하는 운수니 재수는 길하고 집안은 편안치 못하느니라.

37. 중손풍(重巽風)

녹음으로 온 들판이 짙은데 맑은 바람이 부는 괘요,
나무의 순이 바람을 따라 움트는 상이라.

卦巽重

괘손중

| 괘상(卦象) |

때를 타고 만물이 풍요롭고 작은 것으로 큰 것을 이루도다. 선심으로 행하면 복이 오고, 악심을 내면 흉액이 이르는 상이라.

| 하늘점[天時占] |

바람이 불고 비가 오는데 사해일(巳亥日)이면 개리라.

| 재수점(財數占) |

두 사람이 상의하여 협력하면 좋고 홀로 구하면 불길하니라. 재수가 있어도 오래 가지 않도다. 처음에는 불길하고 어렵지만 후에는 대길하리라.

| 벼슬점[求仕占] |

선흉후길(先凶後吉)하도다. 유해일(酉亥日)이면 문서로 좋은 일이 있으나 벼슬은 기대하기 어렵고 공연한 시비로 대단히 요란하느니라.

| 송사점(訟事占) |

아무리 송사하고자 하나 일이 크지 않고 의견이 분분한데 만일 송사를 하더라도 일이 흩어져 되지 않느니라.

| 병점(病占) |

이 병은 풍병인데 추웠다 열났다 하며, 혈증(血症)이 있고 사지가 무겁도다. 오래된 병이면 낫지 못하고, 10일 안에 생긴 병이면 4~5일 내로 나으리라.

| 태점(胎占) |

여름에 낳으면 사내아이요, 가을, 겨울에 낳으면 여자아이라. 신자진일(申子辰日)에 순산하고 무사하리라.

| 혼인점(婚姻占) |

남녀가 동갑이 아니면 불길하도다. 축미생(丑未生)의 여자나 남자를 구하라.

| 대인점(待人占) |

두 사람이 남쪽으로 갔는데 시비가 생겨 쉽게 오지 못하고, 또 소식이 있다 하여도 허망하니 기다리지 말라.

| 출행점(出行占) |

동행하면 시비가 생기고 운영하는 것도 길하지 않으니, 가지 말고 기다리다가 북방으로 갈 사람이 생기면 그때 움직이라.

| 실물점(失物占) |

이 물건이 남쪽 담 밑이나 상자 안에 있으니 멀리서 찾지 말고 집안에서 찾으라.

| 매매점(賣買占) |

호랑이가 저잣거리에 들어간 상이라. 헛된 놀람이 있으니 불길하도다 하는 말과 일이 틀리니 조심하라.

| 경영점(經營占) |

2, 3월 동풍에 외로운 새가 가지에 깃드는 상이라 좌우로 난처하도다. 마음을 숙이고 어려운 일을 참아 길한 운수를 기다리라.

| 가택점(家宅占) |

부모궁이 불편하고 가족들이 원망하니 불길하도다. 고생이 되더라도 참아내면 길한 운수가 다시 돌아오리라.

| 사람 찾는 점[尋人占] |

이 사람이 묘(墓)에나 절에 갔으니, 곧 보리라.

| 계약점(契約占) |

운수가 좋지 못하니 남과 무슨 일을 꾀하지 말라. 억지로 하면 관재와 구설이 분분하리라.

신수점(身數占)

　금년은 몸이 바깥으로 움직이는 상이라. 집에 있으면 좋지 않고 나가면 길하나 별로 좋은 일은 많지 않느니라.

　봄철에 활동하여 고생 끝에 낙을 보리니 3, 4월에 길에서 길인을 만나 도움을 받느니라. 5, 6월에는 재수가 좋고 동남쪽으로 희소식을 들으리라. 가을에 관재가 아니면 시비가 있도다.

　10, 11월은 집에 돌아와 가족들과 있으니 흉함은 가고 길한 일이 오리라.

38. 풍수환(風水渙)

물을 따라 배가 가는 괘요,
초목이 바람을 타고 자라는 상이라.

卦渙水風

괘환수풍

| 괘상(卦象) |

은혜를 베풀면 복이 오고, 남을 이롭게 하면 내게 길하며, 홀로 즐거우면 흉한 상이라.

| 하늘점[天時占] |

구름이 하늘을 덮어 비가 오는데 5일이 지나야 개리라.

| 재수점(財數占) |

힘만 들고 공이 없도다. 귀신의 훼방으로 일이 다 막혔도다. 때를 기다리는 것이 좋으리라.

| 벼슬점[求仕占] |

이 풍진 세상에 사방으로 분주히 돌아다녀도 한 사람도 아는 자가 없으니 누구에게 말하리오. 집을 지키고 때를 기다리라.

| 송사점(訟事占) |

송사가 안 되니 애쓰지 말고 서로 화해하라. 두 사람 다 본마음이 싸우자고 하는 것이 아니니 시비하면 무엇하리오.

| 병점(病占) |

한열(寒熱)이 있다 없다 하고 복통이 있으며, 구토를 하는데 낮에

는 덜하고 밤에는 심하리라. 풍중도 심하고 먹지 못하니 동쪽의 의원을 청하여 복약하면 10일 안으로 나으리라.

| 태점(胎占) |

해산 후에 부정한 일을 보더라도 사내아이는 낳으나 장수하지 못하고, 여자아이를 낳으면 길하리라.

| 혼인점(婚姻占) |

혼인은 되나 신랑이 변변치 못하며 키가 작고 얼굴에 흉이 있느니라. 평생의 짝이 아니므로 이별수가 있으리라.

| 대인점(待人占) |

이 사람이 오다가 다른 곳으로 갔으나 미일(未日)에 다시 오리라.

| 출행점(出行占) |

멀리 가지 말라. 가다가 두세 번 다시 돌아오도다. 중간에서 아는 사람을 만나 가지 못하리라.

| 실물점(失物占) |

물건이 물가에 있는데 찾기 어렵도다. 남이 가져갔는데 찾으려 하다가는 욕을 보리라.

| 매매점(賣買占) |

　물건이 좋지 못하고 나서는 사람도 없으니 성사되기 어려우리라.

| 경영점(經營占) |

　가을날의 천둥과 같아 구설만 있고 실상은 없도다. 상하가 합심하지 못하니 무엇을 운영하리오. 분수를 지키는 것이 제일이니라.

| 가택점(家宅占) |

　집 뒤는 산이요, 앞은 구름뿐이라. 지덕(地德)이 흉하여 가족이 불편하도다. 서북방으로 길을 내고 서쪽으로 문을 내면 길하리라.

| 사람 찾는 점[尋人占] |

　처음 약속은 그만두고 나중에 약속한 자를 찾으면 소식이 들리고 불원간 돌아오리라.

| 계약점(契約占) |

　내가 남의 일을 해 주니 무엇이 유익하리오. 힘만 들고 소용없도다.

신수점(身數占)

한 해 동안 아무 액은 없으나 경영하는 일이 한 가지도 성취하지 못하도다. 1, 2, 3월에 남을 위하여 일을 주선하고, 4, 5월은 형제 중에 귀인이 있어 원행하기 쉬우니라.

6, 7월은 재수 있고, 10, 11월은 몸수가 길하고 집안이 태평하니라.

39. 풍산점(風山漸)

높은 산에 나무를 심는 괘요,
작은 것으로 큰 것을 이루는 상이라.

卦漸山風

괘 점 산 풍

| **괘상**(卦象) |

초승달이 점점 커져 보름달이 되고, 한걸음으로 시작하여 천리를 행함이라. 전진하는 용맹을 내고 물러가지 아니하는 상이라.

| **하늘점**[天時占] |

진사일(辰巳日)에 맑고 비가 오더라도 많지 않느니라.

| **재수점**(財數占) |

서북쪽으로 구하면 해자일(亥子日)에 길하나 많지는 않느니라.

| **벼슬점**[求仕占] |

관록을 먹는 자는 벼슬을 하직하고 집으로 돌아가도다. 구하지 말고 문을 닫고 분수를 지키라.

| **송사점**(訟事占) |

사고팔고 하는 일로 시비가 일어나도다. 빨리하려고 서둘지 말며 천천히 하면 이기리라. 신유일(申酉日)에 길인의 도움으로 이익을 보리라.

| **병점**(病占) |

이 병은 그리 중한 병이 아니고 풍증이 좀 있으니 약을 먹으면 나으리라. 오미일(午未日)이면 무사하리라.

| 혼인점(婚姻占) |

초혼은 좋지 않고 재혼은 길하며 두 번 장가, 시집가는 상이라.

| 대인점(待人占) |

곧 소식이 오고 3~4일 안으로 돌아오리라.

| 출행점(出行占) |

3, 4월은 길하나 5, 6월은 불길하니라. 어디를 가는 것은 괜찮으나 별로 좋은 일은 없으리라.

| 실물점(失物占) |

남쪽에서 찾으면 해자일(亥子日)에 찾을 수 있도다. 그 물건이 부모 항렬 되는 사람 집에 있으리라.

| 매매점(賣買占) |

처음에는 서로 마음이 합하지 않으나 신자진일(申子辰日)이 되면 우연히 되리니 세 사람이 동의하여 성사하리라.

| 경영점(經營占) |

가을, 겨울이 대길하여 만사가 여의한데 관록을 구하지 말고 가축으로 장사하는 것이 좋으리라.

| 가택점(家宅占) |

집이 높은 언덕에 있는데 좌향이 좋고 지덕(地德)이 있도다. 부모, 형제, 처자가 모두 편안하며 가족이 번성하리라.

| 사람 찾는 점[尋人占] |

동네에 소리 나며 떠드는 곳에 있도다. 술에 취하여 정신이 몽롱한데 급히 가서 찾으면 당일에 보리라.

| 계약점(契約占) |

작은 것을 계약하면 필경 크면서 좋은 일이 생기며, 8월에 만사여의하고 겨울철이 되면 황금이 가득 쌓이리라.

| 신수점(身數占) |

1, 2월은 평탄하고, 3, 4월은 구설이 요란하며, 5월에는 집에 화재를 조심하라. 6, 7월은 서방으로 일이 생겨 좋은 일을 볼 것이요.

8월은 여인의 도움이 있어 길하고, 9, 10월은 고기가 용문(龍門)에 오름이오, 바다에서 밝은 구슬을 얻느니라.

1년 운수가 선흉후길(先凶後吉)하고 득남하는 경사가 있으며, 3월이나 6월에 처궁으로 근심이 있으리라. 여름철에 부모님에게 경사가 많으리라.

40. 풍지관(風地觀)

일월이 높이 떠 만물을 비추는 괘요,
3월 동풍에 꽃이 다투어 피는 상이라.

| 괘상(卦象) |

태산에 올라 천하를 바라보니 억조창생이 눈 아래에 벌여 있도다. 마음에 제세안민(濟世安民)의 뜻을 품었으니 한 번 나가면 대귀할 상이라.

| 하늘점[天時占] |

맑지도 않고 흐리지도 않도다. 바람이 불고 구름도 끼었으나 비는 오지 아니하리라.

| 재수점(財數占) |

두 사람이 한 가지를 구하면 인묘일(寅卯日)에 길한 일을 보고 재수 대길하리라.

| 벼슬점[求仕占] |

봄, 여름철 기축일(己丑日)이나 정미일(丁未日)에 귀인을 만나 벼슬을 얻고 만인의 치하를 받으리라. 가을이나 겨울에 관직에 오르면 낮은 벼슬이고, 봄이나 여름이면 높은 벼슬이니라.

| 송사점(訟事占) |

서로 화해하여 송사가 그치리라. 좋지 않은 사람이 중간에서 훼방하나 머지않아 없어지리라.

병점(病占)

　이 병은 남쪽으로 묘(墓)나 절에서 풍류를 구경하다가 얻은 병이라. 소화가 안되고 몸이 뜨거운데 남쪽으로 가 치료하면 5~6일 내로 나으리라.

태점(胎占)

　처음에는 여자아이를 낳고, 다음은 남자아이를 낳느니라. 혹 쌍둥이를 낳으면 길하고 장수하며, 그렇지 않으면 단명하니 불길하니라.

혼인점(婚姻占)

　신부가 얼굴이 아름답고 얌전하나 혼인이 성사되기 어렵고, 또 상부(喪夫)할 수도 있느니라.

대인점(待人占)

　축미일(丑未日)에 소식은 들으나 돌아오기는 어려우리라. 세 사람이 같이 있어 쉽게 오지 못하느니라.

출행점(出行占)

　혼자 가지 말고 여럿이 행하면 길하고, 벼슬의 일로 나서면 권세를 쥐고 녹(祿)도 많아 가문을 빛내리라.

| 실물점(失物占) |

서남쪽으로 가면 도적 두 놈이 절로 가는 길가에 있으니 물건을 곧 찾으리라.

| 매매점(賣買占) |

술해일(戌亥日)에 약속하면 큰 이익을 보리라. 사유축일(巳酉丑日)에는 길인을 사귀어 이익될 일이 많으리라.

| 경영점(經營占) |

여인 중에 귀인이 있으니 출가한 집안사람이니라. 봄이나 여름에 이름이 용문(龍門)에 걸리고 복록이 많으리라. 만민을 대변하는 관원이 되리라.

| 가택점(家宅占) |

꿈이 산란하고 집안이 불안하니 집의 터줏대감께 기도하면 무사하고 복이 오리라.

| 사람 찾는 점[尋人占] |

이 사람이 서쪽에 있으니 축미일(丑未日)에 보리라.

| 계약점(契約占) |

문서가 바르고 일이 좋으니 아무 염려 말고 계약하라. 이 일로

서로 기뻐하게 되고 평생의 좋은 친구가 되리라.

신수점(身數占)

군자는 녹(祿)이 더하고 소인은 이익이 더하는 상이라. 1, 2월은 부모가 좀 피곤해하시고, 3, 4월은 신수가 대통하여 사방에서 하는 일이 모두 잘 되리라.

벼슬하는 사람은 품직이 오르고 상인은 배나 되는 큰 이익을 보느니라. 가을에는 평탄하고, 겨울 10, 11월은 금과 은이 집안에 가득하리라. 그러나 3월에 한 자식이 죽을 수 있느니라.

41. 수천수(水天需)

구름이 하늘을 덮은 괘요,
구름이 끼었으나 비는 오지 않는 상이라.

卦需天水

괘슈텬슈

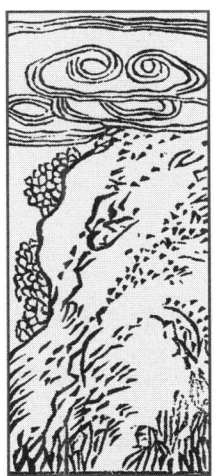

| 괘상(卦象) |

　고향을 생각하나 소식도 없고 사람도 오지 않아 근심, 걱정으로 세월을 보내는 상이라.

| 하늘점[天時占] |

　하늘이 우중충하나 비는 오지 않다가 5, 6월 후에 비가 조금 오리라. 신유일(申酉日)이면 구름이 흩어져 날이 맑으리라.

| 재수점(財數占) |

　서북방으로 길인을 만나 서로 의논하면 비록 많지는 않으나 해자일(亥子日)에 재수가 좋고 손해는 없으리라.

| 벼슬점[求仕占] |

　노력만 하고 재물만 손해 보아 성공하지 못하는데 남의 훼방까지 있어 구설이 요란하리라.

| 송사점(訟事占) |

　송사가 이롭지 못하나 액운은 없으리라. 재판이 빨리 결말이 나지 않으니 오로지 근심이로다. 신유월(申酉月), 즉 7월이나 8월에 액운이 소멸하리라.

| 병점(病占) |

 이 병은 바깥에서 얻은 병이라. 병명을 알 수 없을 정도로 은근히 아프니 남 보기에는 꾀병 같도다. 약을 먹고 몸조리를 잘하면 5일 안에 나으리라.

| 태점(胎占) |

 대귀할 여자아이를 낳는데 사내아이면 불길하도다. 5, 6월에 낳으면 산모에게 액이 있고, 7, 8월이면 귀자를 얻으리라.

| 혼인점(婚姻占) |

 혼인이 속히 성사되리라. 여자가 나이가 차서 시집가고자 하는 마음이 많은데, 혼처를 동쪽으로 정하면 대길하고 평생 배필을 만나며 자손이 창성하리라.

| 대인점(待人占) |

 오려고 하는데 막는 사람이 있어 속히 오지 못하나 진오일(辰午日)에 오리라. 여인이 아니면 돈을 갖고 오는 사람이라.

| 출행점(出行占) |

 귀인과 동행하니 서북방이라. 땅을 파 금을 얻는 상인데 곡식으로 돈을 받으리라.

| 실물점(失物占) |

기쁘고 즐거운 중에 잃어버렸는데 집안에 있으니 찾지 말라. 자오일(子午日)에 찾으리라.

| 매매점(賣買占) |

시비가 먼저 생기니 좋지 않도다. 이 일은 그만두고 후일을 기다리라.

| 경영점(經營占) |

몸을 닦고 좋은 때를 기다리다가 버드나무 가지에 물이 오르고 녹음이 우거질 때에 학을 타고 날아가는 형상이라. 귀인을 만나 만사가 여의하리라.

| 가택점(家宅占) |

집안에 재수가 없고 재앙이 붙은 사람이 있어 불안하니 사람을 내보내고 조왕님께 기도하면 길하니라.

| 사람 찾는 점[尋人占] |

지척에 있으니 보기 쉽도다. 당일이 아니면 자오일(子午日)에 보리라.

| **계약점**(契約占) |

문서가 분명하지 않고 일이 한편으로 치우쳤으니 길하지 않도다. 차라리 그만두고 다른 곳을 알아보라.

| **신수점**(身數占) |

금년 운수는 반길반흉(半吉半凶)한 수라. 자손의 경사가 있으나 부모의 액이 있느니라.

1, 2월에 임신하고, 3, 4월은 일이 좀 어려우며, 7, 8월에 하는 일을 잘 운영하면 11월에 큰 재물을 얻으리라.

바깥으로 나가면 대길하리니 봄철이 좋도다. 여자를 가까이 말고 재앙을 멀리하여야 길하리라.

42. 수택절(水澤節)

돌아가는 배가 순풍을 만난 괘요,
춥고 더움이 때에 맞는 상이라.

卦節澤水

괘절택슈

| 괘상(卦象) |

몸을 삼가고 마음을 밝히니 복을 받는 근본이 되느니라. 천명(天命)에 순응하고 삼강오륜을 밝히니 군자의 기상이라. 천하를 도(道)로써 다스리는 상이라.

| 하늘점[天時占] |

신유일(申酉日)에 이 괘를 얻으면 비가 오고, 인묘일(寅卯日)에 얻으면 바람이 불며, 사해일(巳亥日)이면 구름이 끼느니라. 다른 날에 이 괘를 얻으면 맑으리라.

| 재수점(財數占) |

두 사람이 한 가지 목적으로 동남방으로 가 재물을 구하느니라. 빨리 일을 처리해야지 되리라. 인신사해일(寅申巳亥日)에 길하리라.

| 벼슬점[求仕占] |

고생하며 서너 차례 구하나 공이 없으니 10년 공부가 도로아미타불이라. 청명절(淸明節)을 기다려 녹을 구하라.

| 송사점(訟事占) |

돈을 쓰라. 그러면 길인이 서로 화해시키리라.

| 병점(病占) |

한열(寒熱)이 있고 복통과 요통이 있으며, 위는 열이 있고 아래는 냉하니 중병이로다. 오래된 병이면 차차 낫지만 며칠 되지 않은 병이면 속히 고치기 어려우리라. 동방으로 가 약을 구하여 먹으라.

| 태점(胎占) |

사내아이를 낳는데 아무 염려 없으리라. 이 아이는 장수하며 충효를 행하게 되고 해산 후에 집안이 번창하리라.

| 혼인점(婚姻占) |

여자가 어리고 미색이 뛰어나도다. 남편과 화합하고 아무 흠이 없으나 두 번 혼인하는 팔자로다.

| 대인점(待人占) |

이 사람이 처소를 떠나 다른 곳으로 갔으니 소식도 없고 오지도 않느니라.

| 출행점(出行占) |

이 괘는 분수를 지켜 움직이지 않아야 하는 괘라. 가는 길에 불길한 일이 많으리라. 집을 떠나면 구설과 재앙만 있을 뿐이로다.

실물점(失物占)

동남쪽으로 집 근처에 있으니 사해일(巳亥日)에 찾으리라.

매매점(賣買占)

인오해일(寅午亥日)에 동방으로 약속하는 것이 길하고, 북쪽은 불길하니라. 물건이 좋아 3, 4월이면 값이 많이 오르리라.

경영점(經營占)

봄, 여름에 하는 일은 모두 뜻과 같이 되고 서남방이 길하리라. 매사를 조심하고 삼가야 길한데, 그렇지 않으면 걱정과 근심뿐이로다.

가택점(家宅占)

동네가 집들이 별로 없고 특히 이 집은 사방이 허술하여 도둑놈이 들어 올 수 있으니 잘 대비하면 길하리라.

사람 찾는 점[尋人占]

이미 깊이 숨었고 전하는 소식도 헛되도다. 찾지 못하리라.

계약점(契約占)

서로 즐거운 중에 계약을 하는데 두 사람의 뜻이 맞느니라. 재수는 봄, 여름이 좋고, 문서는 가을, 겨울에 길하니라.

신수점(身數占)

　봄에는 고목이 꽃이 피고, 여름은 용이 여의주를 얻은 상이라. 집안에 경사스러운 일이 많으리라. 1, 2월은 몸을 삼가야 하도다. 가을바람이 불면 멀리에서 형제 같은 귀인이 와서 재수가 점점 좋아지느니라. 겨울에 집안에 불안한 일이 있는데 이사하면 길하리라.

　금년 운수는 경거망동하지 않고 가만히 있으면 자연히 길해지는 상이라.

43. 수화기제(水火旣濟)

어진 신하가 밝은 임금을 만난 괘요,
시세를 응하여 하는 일을 이루는 상이라.

| 괘상(卦象) |

강을 배로 사람들을 건네주니 공덕을 쌓는 상이라. 지위가 높아 좋은 일을 더 많이 하도다. 천하를 이롭게 하고 고향에 돌아가 편안히 여생을 마치는 상이라.

| 하늘점[天時占] |

비가 오다가 사오일(巳午日)에 개리라. 축미일점(丑未日占)이면 바람이 불도다.

| 재수점(財數占) |

약간의 재수는 있으나 소인들이 다 가져가고 남은 것이 없으니 구하지 말라. 잘못하면 밑천까지 없어지리라.

| 벼슬점[求仕占] |

근심되는 일이 많다가 7, 8월이나 신유일(申酉日)이면 차차 없어지리라. 인일(寅日)이나 묘일(卯日)에 고관대작을 만나 금방 이름을 날리리라.

| 송사점(訟事占) |

이 송사는 서로 화해하지 않으면 둘 다 관액을 면치 못하고, 봄철에 귀인도 만나지 못하면 형벌을 받으리라.

| 병점(病占) |

　병증이 토하고 설사하며 요통과 혈증이 있고 몸을 움직이기조차 힘드니라. 낮에는 조금 괜찮지만 밤에는 병세가 심한데 음식도 잘 소화시키기 어려우니라. 쾌유하기 어려운 병이도다.

| 태점(胎占) |

　여자아이를 낳는데 산모에게 병이 생기리라. 이 아이가 단명하기 쉽고 해산 후에 집안이 소란한 상이니 불길하도다.

| 혼인점(婚姻占) |

　신부가 가족이 아무도 없고 오직 형제만 있는데, 형제 집에 몸을 의지하고 있으니 청혼하지 말라.

| 대인점(待人占) |

　돌아올 마음이 없으나 인신일(寅申日)에 소식이 있을 수 있느니라. 멀리 있어 오기 어려우니 기대하지 말라.

| 출행점(出行占) |

　배를 타고 가는 길이 아니면 움직이지 말라. 길에 위험한 일이 있고 관액이 무섭도다.

실물점(失物占)

찾지 말라. 찾더라도 다시 잃으리라.

매매점(賣買占)

운수가 좋지 않으니 아무것도 하지 말라. 욕심을 내어 억지로 하면 이익이 없으며 도리어 큰 해를 입으리라.

경영점(經營占)

돈만 바라는 일만 하지 않으면 그 외의 일은 다 성취하는데 두세 차례 힘을 써야 하리라. 가을, 겨울에 길하리라.

가택점(家宅占)

집안이 쓸쓸하고 적막하도다. 들어오는 것이 적고 나가는 것은 많으니 길한 때를 기다리라.

사람 찾는 점[尋人占]

그 사람이 자기 집에 있으니 찾지 않아도 소식은 오리라. 동북방으로 한 사람과 동행하면 해자일(亥子日)에 보리라.

계약점(契約占)

말로만 하고 실행이 없으니 한심하도다. 4, 5월에 기쁜 소식이 있으나 그 외는 모두 불길하니라.

| 신수점(身數占) |

 봄에는 평탄하며, 여름은 이별수가 있고, 가을에 처궁에 대액이 있으니 어찌하여야 좋을고. 또한 겨울철은 집안에 재앙이 끊이지 아니하니 망하거나 식구 수가 감하리라.
 나가도 걱정, 들어와도 근심이니 한탄하여 세월을 보내리라.

44. 수뢰둔(水雷屯)

용이 얕은 물에 있는 괘요,
만물이 비로소 싹을 틔우는 상이라.

| 괘상(卦象) |

　장군이 보검을 빼어 들고 단위에 높이 앉아 천군만마를 지휘하니 나라의 기둥이 되는 상이라.

| 하늘점[天時占] |

　청명하다가 갑자기 구름이 덮이고 비가 오도다. 그러나 인묘일(寅卯日)에 다시 개리라.

| 재수점(財數占) |

　혼자 멀리에서 땅을 구하라. 가까이에서 구하면 이익이 없고 먼 곳을 택하면 길한데 남쪽에서 구하라. 사오일(巳午日)에 얻으리라.

| 벼슬점[求仕占] |

　다시 관리가 된 자는 파직당하도다. 구하지 말라. 처음 벼슬하는 사람은 가을철에 관액이 무서우니 북쪽으로 피하면 길하리라.

| 송사점(訟事占) |

　6월에 송사하면 이기지 못하나 다른 달에 하면 큰 해는 없으리라. 송사를 하게 되거든 동쪽 사람과 의논하면 이기리라.

| 병점(病占) |

한열(寒熱)과 두통이 있으며 눈이 침침한데, 동쪽으로 의원을 청하여 약을 먹으면 차차 나으리라.

| 태점(胎占) |

사내아이를 낳으며 산모도 무사하고, 아이는 무병장수하며 의식이 넉넉하리라.

| 혼인점(婚姻占) |

두 번 장가가고, 시집가는 괘라. 사람됨이 좋지 못하고 이별수가 있도다.

| 대인점(待人占) |

두 사람이 동행하는데 일이 있어 오지 못하니 기대하지 말라.

| 출행점(出行占) |

길성(吉星)이 몸을 비추었으니 사방으로 원행하여도 아무 곤란한 일이 없으나 재수를 구하면 남방으로 향하라.

| 실물점(失物占) |

북쪽의 담 아래에 있는데 급히 찾아야 하리라. 3~4일 안으로 찾으리라.

매매점(賣買占)

여름은 길하고 가을, 겨울에는 흉하니라. 상대편 사람의 마음이 그리 좋지 않은데다 악심을 먹으니 불길하도다.

경영점(經營占)

멀리 가지 말고 일을 숲속에서 하면 우연히 길인이 도와 4, 5월에 재수가 좋으리라. 관청의 일은 하지 말라.

가택점(家宅占)

집에 다른 사람이 있으면 화재도 생기고 도둑도 드니 미리 대비하라.

사람 찾는 점[尋人占]

서로 길어서 만나니 7~8월이라. 묘술일(卯戌日)에 소식이 있고 만나리라.

계약점(契約占)

나는 마음이 선하지만 상대편은 좋지 못하여 시비가 대단하리라. 일이 잘못되니 미리 약속하지 말라.

| 신수점(身數占) |

　이 괘는 지위가 높고 권세 있는 사람이 얻으면 이름이 천하에 진동하나, 그렇지 않고 평범한 사람이 얻으면 불길한 일이 많은 괘라.

　고생한 후에 낙이 오는데 일 년 운수가 험한 일은 없으나 크게 발달하지 못하도다.

　봄은 길하고 재수가 있으며 득남할 수라. 여름에 살기(殺氣)가 처궁을 범하여 흉액이 있느니라. 가을에는 귀인이 있어 경사가 생기고, 겨울은 멀리서 도와주는 사람이 오니 집안이 태평하고 복록이 많으리라.

45. 수풍정(水風井)

밝은 구슬이 바닷속에 잠긴 괘요,
편안하여 태평을 누리는 상이라.

卦井風水

괘정풍슈

괘상(卦象)

산을 파 금을 구하니 노력 끝에 공을 얻음이요, 고생한 후에 걸출한 장부를 만나는 상이라.

하늘점[天時占]

바람이 많이 불고 비가 오니 장마진 것 같으리라. 여러 날 후에야 개리라.

재수점(財數占)

두 사람이 협력하여 진사오일(辰巳午日)에 재수 있으나 크지는 않고 좋지 않은 자본이라. 허황한 중에 유익한 일이 있으리라.

벼슬점[求仕占]

돈만 쓰고 효과가 없으니 관직을 바라지 말라. 도리어 화를 당하니 신유일(申酉日)을 삼가라.

송사점(訟事占)

4명이 논밭의 일로 의견이 맞지 않아 다투고 일이 평탄하지 않아 근심이로다. 사오일(巳午日)이나 4, 5월에야 길하리라.

| **병점**(病占) |

이 병은 상문(喪門)이 동하니 불길하니라. 상복을 입을 수라. 중병이며 차도가 없으니 걱정이도다.

| **태점**(胎占) |

해산하기 어려워 산고가 심한데 득남은 하나 아이의 운명이 길하지 않고 오래 살지도 못하니 신령님께 기도하면 산모는 무사하리라.

| **혼인점**(婚姻占) |

빨리 성사되면 오히려 불길하고 혼인이 오래 걸리면 대길하니라. 혼인이 성사되는 괘라 염려할게 없도다.

| **대인점**(待人占) |

인묘일(寅卯日)에 소식이 있으리라. 기다리지 말라, 후에 오리라.

| **출행점**(出行占) |

출행하면 멀리 가지도 못하고 걱정과 근심만 있고 혼란하니라. 나가면 불길한 수라.

| 실물점(失物占) |

이 물건이 숲속 고목나무 밑에 있는데 진술일(辰戌日)에 찾으리라.

| 매매점(賣買占) |

물건을 움직이지 말고 가만히 가지고 있으라. 일도 안 되고 해를 보리라.

| 경영점(經營占) |

종일 분주히 다니나 실속이 하나도 없도다. 사람이 부실하니 경영하지 않는 것이 오히려 상책이리라.

| 가택점(家宅占) |

집안이 불안하고 놀랄 일이 있도다. 집안의 운수가 좋지 않으니 남쪽으로 이사하면 길하리라.

| 사람 찾는 점[尋人占] |

소식은 듣는데 동남쪽의 물가로 가 물으면 찾을 방도가 생기리라.

| 계약점(契約占) |

어두운 밤에 우물에 빠지고 남의 음해를 받는 상이라. 나를 돕는 사람은 없고 배신하는 자만 많으니 약속하지 말라.

신수점(身數占)

1, 2월에 재물에 손해가 있고 부인의 병을 걱정하며, 3, 4, 5월은 재수가 대길하여 천금을 얻을 수니라.

5, 6월에 부모의 환우를 조심해야 하고, 7, 8월은 관재와 구설이 분분하지만 남쪽의 길인을 만나면 흉한 일이 길하게 변하느니라. 10, 11월은 자손에게 액이 생기는데 북두칠성님께 기도하면 길하니라.

집안이 불안하니 남쪽으로 4월에 이사하면 좋으리라. 금년은 땅에 관계된 일을 하면 좋은 일이 많으리라. 겨울철에는 남의 음해가 있으니 행동을 조심해야 하느니라.

46. 중감수(重坎水)

배가 풍랑을 만나 얕은 물에 걸린 괘요,
밖으로는 허하나 안은 실한 상이라.

卦坎重

괘 감 중

| 괘상(卦象) |

위험한 일을 넘기고 난 후에 복록을 누리리라. 물이 구덩이에 찬 후에 물이 사방으로 흘러넘치는 상이라. 매사가 실제로 행한 후에 성사하리라.

| 하늘점[天時占] |

오랫동안 맑지 않으나 2~3일 후에 천둥치고 진사일(辰巳日)에 날이 개니라.

| 재수점(財數占) |

자본이 없이 맨손으로 구하니 힘만 들고 실효가 없느니라. 두 사람이 협력하면 사오일(巳午日)에 바랄 것이 있으리라.

| 벼슬점[求仕占] |

돌 속에 있는 옥을 취함과 같도다. 석공(石工)의 재주가 아니면 애만 쓰리라. 귀인을 만나야 일이 되지만 신수가 불길하여 만나기 어려우리라.

| 송사점(訟事占) |

논과 밭의 일로 다투거나 도적의 일로 다투지만 송사가 되지 않고 가까운 시일 안에 일이 흩어지리라.

| 병점(病占) |

    이 병은 오래 앓던 병이면 살지 못하고, 병난 지 보름 내로 이 괘를 얻으면 수일 내로 쾌차하리라.

| 태점(胎占) |

    첫 해산이면 사내아이를 낳고, 그렇지 않으면 여자아이를 낳느니라. 남자아이든 여자아이든 장수하기 어려우리라.

| 혼인점(婚姻占) |

    둘째 아들의 혼인이면 맏딸과 결혼하는 것이 길하고, 그 외에는 불길하며 혼인이 되지 아니하리라.

| 대인점(待人占) |

    위험한 사고가 있어 오지 못하느니라. 인오술일(寅午戌日)에 소식이 오리라. 가까운 곳에 있는 사람이면 곧 오느니라.

| 출행점(出行占) |

    집에 있으면 편안한데 움직이면 불길하도다. 허황하지 않고 실속이 있는 일이면 동함이 무방하나 허황한 일이면 액이 있느니라.

| 실물점(失物占) |

    동쪽에 있는데 속히 찾으면 쉽고 더디면 못 찾으리라.

| **매매점**(賣買占) |

　물가에서 하는 일이 아니면 성사되기 어렵고 이익이 없어 두 사람의 뜻이 합하지 못하느니라. 분수를 지켜 동하지 않음이 길하니라.

| **경영점**(經營占) |

　시세와 형편을 따라 물이 흐르듯이 일을 하라. 억지로 운영하면 이익도 없고 욕을 보는 괘라. 어려움을 겪고 난 후 대길하리라.

| **가택점**(家宅占) |

　아들이 물가에서 영업하여 집안을 다시 바로잡느니라. 집안에 재물이 쌓이니 집이 바로 서느니라.

| **사람 찾는 점**[尋人占] |

　이 사람이 강이나 바닷가에 있는데 찾으려 그곳을 가면 이 사람도 이미 타지로 가서 찾기 어려우니라.

| **계약점**(契約占) |

　말만 왔다 갔다 할 뿐 일이 되지 않으니 바라지 말고 약속도 하지 말라. 이익은 없고 해만 보리라.

| 신수점(身數占) |

　금년 수는 흉함은 많고 길함은 적도다. 고생을 무척 많이 한 후에 대길하리라. 3, 4월에 관재구설이 있고 1, 2월은 길하며 5월에 멀리 가지 말라.

　6, 7월에는 상복을 입기 쉬운 수라. 10, 11월은 집안이 무고하고 재앙이 사라지며 길한 일이 오느니라.

　재수(財數)는 여름철에 남쪽에서 구하고 동방의 귀인이 도우리라. 1년간 운수가 풍파가 많으니 조심하라.

47. 수산건(水山蹇)

돌아가는 기러기 짝을 잃은 괘요,
밝음을 버리고 어두움을 취한 상이라.

| 괘상(卦象) |

　비가 열흘 동안이나 오는데 그치지 아니하여 돌아가는 객이 가는 길에서 묵고 있느니라. 운수가 다 정해져 있으니 고요히 있어야 하며, 욕심을 내어 경거망동하지 않아야 길한 상이라.

| 하늘점[天時占] |

　비가 3일 동안 내리다가 해자일(亥子日)에 그쳐 날이 맑으리라.

| 재수점(財數占) |

　일이 반복되고 시비만 많이 일어나며 돈도 얻지 못하느니라. 밑천이 들어가 있으면 그 돈까지 손해 보리라.

| 벼슬점[求仕占] |

　처음은 어렵고 나중은 길한데 두 귀인이 안에서 일을 잘 보아 진술일(辰戌日)이면 소식이 있고 기쁜 일이 생기리라. 낮은 벼슬이므로 오래가지는 못하리라.

| 송사점(訟事占) |

　송사가 일어나면 물가로 피하라. 그러면 송사가 되지 않고 무사하리라. 가족 중에 귀인이 있어 길하니라.

| **병점**(病占) |

　추웠다가 열났다가 하고 갈증을 많이 타며, 소화도 안되고 소변, 대변 보기도 어려운데 북쪽에서 약을 구하여 먹으라. 그러면 해자일(亥子日)에 차도가 있고 7~8일 내로 나으리라.

| **태점**(胎占) |

　쌍둥이 여자아이를 낳기 쉽도다. 아이가 장수하고 다복하여 길하니라.

| **혼인점**(婚姻占) |

　구설만 많고 혼인이 어렵도다. 양쪽 집은 허락하지 않는데 중간에서 성사된 듯이 하니라. 의논하지 말라.

| **대인점**(待人占) |

　아직은 움직이지 않았으니 유일(酉日)에 소식이 오든지 아니면 돌아보리라.

| **출행점**(出行占) |

　천천히 가면 이롭고 급히 나가면 해로우리라. 서쪽으로 가면 재물을 손해보고 흉하며 동방은 대길하리라.

| **실물점**(失物占) |

물이 있는 곳에 있으니 인묘일(寅卯日)에 찾으리라.

| **매매점**(賣買占) |

1, 2월에 매매가 이루어지지 않으면 다른 달은 흉하며 이롭지 못하느니라. 동북쪽으로 길인을 입춘절(立春節)이 지나서 만나는데 그때는 마음대로 일을 해도 되느니라.

| **경영점**(經營占) |

언변이 없고 재주가 없으며 신수도 불길하니 일이 잘되기가 힘드니라. 가을철만 길하고 그 외에는 다 불길하도다.

| **가택점**(家宅占) |

자손이 창성하고 집이 다 태평하며 식구가 늘리라. 길인이 도우리라.

| **사람 찾는 점**[尋人占] |

강가나 해변에 있으니 동북쪽으로 찾으라. 3일이 지나면 찾지 못하리라.

| **계약점**(契約占) |

문서는 좋지만 일이 되도 이익이 없는데 성사되지도 않으니

라. 당초에 약속하지 않는 것이 상책이로다.

| 신수점(身數占) |

이 괘는 먼 타향에서 집을 생각하는 상이라. 금년에 동하면 멀리 가서 돌아오지 못하느니라.

1, 2월은 멀리 가지 말고 4, 5월에는 몸수가 불길하고 형제에게 재앙이 생기느니라. 7, 8월에 재앙이 소멸하고 복록이 오며 자손에게 길한 일이 있으리라. 10, 11월에 북쪽으로 재수를 구하라. 귀인이 도우리라.

48. 수지비(水地比)

모든 별이 북두칠성을 향한 괘요,
물이 모든 땅에 널리 흐르는 상이라.

| 괘상(卦象) |

봄이 다하여 꽃이 시드니 나비와 벌도 돌아가느니라. 안정하면 길하고 동하면 불리하도다. 한가하게 있으니 재앙이 스스로 물러가느니라.

| 하늘점[天時占] |

하늘이 사람의 뜻에 응(應)하나니 비를 점치면 비가 오고, 언제 맑을 것인가를 점하면 쾌청하니라.

| 재수점(財數占) |

두 사람이 구하면 길한데 해자일(亥子日)에 재수가 좋으리라. 일을 같이하는 사람들이 다 귀인이니라.

| 벼슬점[求仕占] |

인해일(寅亥日)에 이름을 날리고 녹(祿)도 많으리라. 1, 2월이나 10, 11월에 북방에서 귀인이 오리라.

| 송사점(訟事占) |

장씨(張氏)나 이씨(李氏) 성인 두 사람이 중간에서 방해를 하나 송사는 이기고 신유일(申酉日)에 무사하리라.

| 병점(病占) |

이 병은 본래 있는 병이니 쉽게 고치기 어려우니라. 10, 11월은 증세가 더하고 병명을 알 수 없으니 불길하도다.

| 태점(胎占) |

가을이면 사내아이를 낳고 봄, 여름이면 여자아이를 낳느니라. 산모가 무사하고 아이도 잘 크느니라.

| 혼인점(婚姻占) |

혼인은 길하고 속히 성사되리라. 신부가 키가 작고 좀 당돌한데 내외가 금슬이 좋아 평생 동고동락하느니라.

| 대인점(待人占) |

기다리는 사람이 돌아오지만 근심이 더할 뿐인데 서방의 귀인을 얻어야 무사하리라. 인묘진일(寅卯辰日)에 구설을 조심하라.

| 출행점(出行占) |

안으로는 걱정이나 밖에서는 길하도다. 동하면 길 중간에서 아는 사람을 만나 무사하고 일이 잘 되리라.

| 실물점(失物占) |

이 물건은 여자가 가져갔는데 북쪽에서 찾으라. 자오일(子午

日)에 찾으리라.

| 매매점(賣買占) |

처음에는 일이 반복되고 잘 되지 않으나 종래는 일이 잘되어 이익을 얻으리라. 서로 마음이 맞으니 대길하리라.

| 경영점(經營占) |

보름 후에 하는 바 일이 성취되는데 지금은 비록 불길하나 근심은 없으니 길한 때를 기다리라.

| 가택점(家宅占) |

외인(外人)이 집에 있고 집이 높은 곳에 있으며 동남향인데 지덕(地德)이 좋고 귀자를 낳을 집이니라.

| 사람 찾는 점[尋人占] |

여자가 방해하여 찾지 못하는데 만일 찾으려 하면 불측한 재앙이 생기리니 찾지 말라.

| 계약점(契約占) |

나는 권리를 가지고 있으며 그 사람은 돈을 가졌으니 마음이 합하여 길하리라.

| 신수점(身數占) |

 이름이 멀리까지 나고 경사가 많으리라. 평인이면 귀인을 만나 발전하는 상이라. 1, 2월에 활동을 열심히 하여 재수가 좋고, 7, 8월이면 재수가 대통하여 11월까지 좋으며 혼인도 하느니라.

 6월에는 돈으로 움직이지 말라. 형제와 한 가지 일을 의논하면 좋으니라.

49. 산천대축(山天大畜)

호랑이가 깊은 산에 있는 괘요,
의식이 풍족하고 엄하게 호령하는 상이라.

| 괘상(卦象) |

　둥근 달이 구름이 없는 하늘에 뜨니 그 빛이 세상을 비추고, 소와 양이 점점 늘어나니 집안이 풍족한 상이라.

| 하늘점[天時占] |

　바람이 불고 구름이 하늘을 덮으니 날씨가 음울한데 비는 오지 않도다. 며칠이 지나면 맑으리라.

| 재수점(財數占) |

　뱀띠나 말띠의 귀인을 만나 해자일(亥子日)에 재수가 있고 겨울철에 대길하리라.

| 벼슬점[求仕占] |

　1, 2월에 북방으로 돼지띠나 쥐띠의 귀인이 도와 벼슬길에 나가게 되고 녹(祿)도 후하리라.

| 송사점(訟事占) |

　전답으로 시비가 일어나 송사까지 갔는데 이기지 못하고 재물만 손해 보리라. 북방으로 돼지띠나 양띠의 귀인을 만나면 길하리라.

| 병점(病占) |

꿈에 괴상한 것이 보이고 산란하여 병이 되었느니라. 약도 듣지 않고 병이 점점 더하니 서방으로 가서 신령님께 기도하면 차도를 보여 1개월 내로 나으리라.

| 태점(胎占) |

동지(冬至) 후에 이 괘를 얻으면 귀한 남자아이를 낳고, 그렇지 않으면 여자아이를 낳는데 산모는 무사하나 아이가 장수하지 못하느니라.

| 혼인점(婚姻占) |

귀한 사람의 혼인이라. 가까운 시일 안에 혼인하며 부창부수(夫唱婦隨)하고 살림이 풍족하며 자손이 창성하리라.

| 대인점(待人占) |

소식도 없고 오지도 않으나 기다리지 말라. 잘 있도다.

| 출행점(出行占) |

원숭이띠의 사람과 동행하면 만사여의하고 재수대길하며 남방의 길인이 도우니 출행이 길하니라.

| 실물점(失物占) |

이 물건이 집안에 있는데 쥐띠나 말띠의 여자에게 물으면 찾으리라.

| 매매점(賣買占) |

관직에 있는 사람과 약속하면 길하고 큰 이익을 보리라. 6월, 12월은 흉하니 조심하라.

| 경영점(經營占) |

사농공상의 여러 직업 중에 무엇이든지 하면 되고 아무 흉함이 없느니라.

| 가택점(家宅占) |

집이 밭 근처에 있는데 동향이면 길하고, 남향이면 재수대길하며 식구가 늘고 서북방이면 흉하니라.

| 사람 찾는 점[尋人占] |

해자일(亥子日)에 움직여 찾으라. 북쪽으로 갔는데 길에서 만나고 문서를 도로 찾으리라.

| 계약점(契約占) |

저 사람이 나를 도우니 귀인이로다. 돼지띠나 쥐띠의 사람과

계약하면 재수대길하고 만사여의하리라.

신수점(身數占)

서리와 눈이 오고 난 다음에야 송죽의 절개가 드러나느니라. 고생한 후에 경사스런 일이 있도다.

1, 2월은 구설이 분분하고, 3, 4월에는 문서로 일이 많으며, 5, 6월에 횡재수가 있으나 많지 않으리라. 7월은 관재와 시비로 요란하고 집안에 병이 있으며, 8, 9월에 돼지띠와 쥐띠의 귀인을 만나 재수가 길하느니라.

겨울철에는 집안이 편안하고 금옥이 가득 쌓이리라.

50. 산택손(山澤損)

땅을 파 물을 구하는 괘요,
흙을 쌓아 산을 이루려는 상이라.

卦損澤山

괘 손 택 산

| 괘상(卦象) |

　소년들이 밤하늘의 둥근 보름달을 구경하다가 달이 지는 것을 근심함이요, 봄바람이 부는 푸른 언덕에서 평생을 언약한 일이 어겨지는 상이라.

| 하늘점[天時占] |

　안개도 자욱하고 비도 내려 날씨가 음울하다가 신유일(申酉日)에 개리라.

| 재수점(財數占) |

　매사에 분수를 지키라. 억지로 욕심을 내어 구하면 돈도 얻지 못하고 해가 돌아오며 욕을 당하리라.

| 벼슬점[求仕占] |

　재물을 많이 쓴 후에 성취하리라. 북쪽으로 쥐띠나 토끼띠의 귀인을 만나 뜻을 이루리라.

| 송사점(訟事占) |

　시비로 다투는 일이라. 송사는 지고 재물도 손해 보리니 신유일(申酉日)에 귀인이 도우면 큰 해는 없으리라.

| 병점(病占) |

사지가 무거워 반신불수가 되기 쉬우니라. 고치기도 어렵고 약이 무효하니 어찌해야 좋을고. 대단히 걱정이 되도다.

| 태점(胎占) |

득남한다 하나 산모도 불길하고 아이도 단명하니 어렵도다. 산후에 집안도 불안하니라.

| 혼인점(婚姻占) |

이 혼인은 성사되지 않는데 만일 성사된 후에 이 괘를 얻었으면 살아 이별, 죽어 이별하리라.

| 대인점(待人占) |

돼지띠나 쥐띠인 사람이면 인신일(寅申日)에 오기 쉬우나 약속을 어기리라.

| 출행점(出行占) |

북방이 길하고 남방은 흉하도다. 3월, 6월은 원행하지 말고 10, 11월이 대길한데 두 사람이 동행하리라.

| 실물점(失物占) |

북쪽으로 찾되 자일(子日)에 움직이면 즉시 찾으리라. 실물수

(失物數)가 또 있으니 조심하라.

| 매매점(賣買占) |

이익이 없고 해를 입는 수(數)만 있으니 하지 말고 분수를 지키라. 음흉한 자가 해하고자 하니 조심하라.

| 경영점(經營占) |

달빛 아래에서 잔치를 벌이며 의논한 일이 한낮 꿈에 불과하도다. 처음과 나중이 판이하게 다르니 믿을 사람이 없느니라. 노심초사만 하고 공은 없으니 몸을 닦으며 길한 때를 기다리라.

| 가택점(家宅占) |

두 집에서 생활하니 집안이 소란하고 가족 간에 불화(不和)하니라. 병과 재앙도 있으니 명산에서 기도해야 길하리라.

| 사람 찾는 점[尋人占] |

동쪽으로 가서 수레를 몰고 가는 사람에게 물으면 찾을 길을 일러주리라.

| 계약점(契約占) |

나는 약하고 상대편은 힘을 쥐고 있으니 필경 해를 입으리라. 관재(官災)도 있으니 계약하지 않는 것이 상책이라.

| 신수점(身數占) |

　금년은 횡액이 있고 관재구설수도 있으니 조심하라. 봄철에 큰 액이 있으니 남쪽으로 피신하면 길하고, 여름에는 손재수(損財數)가 있으며 가을이 길하여 원행하면 길하리라.

　겨울에 집을 떠나면 만사여의하고 고진감래(苦盡甘來)이니라. 올해는 상복을 입을 수라. 식구 수가 줄도다.

51. 산화비(山火賁)

호랑이가 산중에서 왕이 되니 호령이 엄숙한 괘요,
불이 산 정상에서 나니 만인이 바라보는 상이라.

| 괘상(卦象) |

순풍에 돛 달고 가니 강을 쉽게 건너며 감로수처럼 하늘에서 우로(雨露)가 내리니 만물이 싱싱해져 풍년이 들 상이라.

| 하늘점[天時占] |

비는 오지 않고 날씨가 우중충하며 바람이 불다가 신유일(申酉日)에 차차 개리라.

| 재수점(財數占) |

매매를 하여 돈을 구하지 말고 맨손으로 남쪽을 향하여 일을 도모하면 용띠나 개띠인 사람을 만나 재물을 얻으리라.

| 벼슬점[求仕占] |

두 사람이 힘을 써 동남간으로 관직에는 오르나 명예만 있고 실속은 없으리라.

| 송사점(訟事占) |

기분 좋게 송사하는 상인데 이기고, 또 높은 귀인이 도와 오래지 않아 무사하리라.

| 병점(病占) |

오래된 병이면 약을 먹고 차차 나으며 보름이 안된 병이면 백약

이 무효하여 고치기 어려우니 황천길로 가기 쉬우리라.

| **태점**(胎占) |

사내아이를 낳으면 어미와 아이가 다 죽고 여자아이를 낳으면 길하리라.

| **혼인점**(婚姻占) |

혼인은 되나 신부가 병이 있어 3~4년 내로 이별수가 있으며 재취하여도 또 이별하느니라.

| **대인점**(待人占) |

기다리는 사람이 멀리 있지 않으니 진묘일(辰卯日)에 소식을 들으리라. 그 사람이 묘술일(卯戌日)에 움직여 오다가 중간에서 기쁜 소식이 들어오지 않도다.

| **출행점**(出行占) |

출행하고자 하다가 꺼리는 일이 생겨 행하지 못하고 있도다. 유일(酉日)에 토끼띠나 닭띠인 사람과 동행하면 길하니라.

| **실물점**(失物占) |

기쁜 중에 도적을 만났는데 물가에서 찾으면 해자일(亥子日)에 찾으리라.

| 매매점(賣買占) |

　남과 같이하지 말아야 하나 돼지띠나 쥐띠인 사람이면 길하고 이익이 두 배는 되리라.

| 경영점(經營占) |

　빨리하려 하지 말고 천천히 하면 북방에서 길인이 도와 이름을 빛내고 돈을 얻으리니 7, 8월이나 신유일(申酉日)에 횡재할 수라.

| 가택점(家宅占) |

　지덕(地德)이 좋지 않고 집의 좌향이 불길하니 이사하면 길하리라.

| 사람 찾는 점[尋人占] |

　사람을 시켜 사방으로 찾지만 쉽게 보지 못하나 여러 달 후에 서로 만나리라.

| 계약점(契約占) |

　상대편이 돈이 없으니 돈이 관계된 일은 불길하고 그 외에는 모두 길하며 그 사람이 내 말을 잘 듣느니라.

| 신수점(身數占) |

　운수가 대통하니 연못에 연화(蓮花)가 만발한 상이라. 1, 2월에

이름을 날리고, 4, 5월에 문서에 기쁜 일이 있으며 부모궁에 어지러운 일이 있도다. 7, 8월에는 서북 간의 귀인이 도우리라.

　겨울철은 상서로운 일이 구름같이 모여 이름을 사방에 떨치며 복록이 날로 쌓이리라. 금년은 물가로 가서 재물을 구하되 5, 6월은 불길하니 움직이지 말라.

52. 산뢰이 (山雷頤)

용이 맑은 물에 숨은 괘요,
악을 멀리하고 선한 것을 가까이하는 상이라.

山雷頤卦

산뢰이 괘

| 괘상(卦象) |

말을 삼가고 행실을 믿음 있게 하면 소인은 물러가고 재앙은 소멸하도다. 군자가 때를 만나 만민을 제도하는 상이라.

| 하늘점[天時占] |

비도 오지 않고 날이 청명하지도 않아 흐리기만 한데 5~6일 후에 화창하리라.

| 재수점(財數占) |

돈이 될 듯 될듯하다가 안 되는데 사오일(巳午日)에 조금 재수 있으나 시원치가 않으리라.

| 송사점(訟事占) |

머리만 있고 꼬리는 없으니 일이 좋지 못하도다. 오래도록 결말이 나지 않으니 걱정인데 진사일(辰巳日)에 소식을 들으리라.

| 병점(病占) |

두통이 나고 으슬으슬 추운데 어디가 아픈지도 모르는 병이라. 약도 듣지 않고 고치기 쉽지 않은데 아이의 병이면 죽느니라.

| 태점(胎占) |

가을, 겨울에 낳으면 여자아이를 낳고 봄, 여름이면 사내아이

를 낳으리라. 산모가 산후에 좋지 못하고 아이도 단명하니라.

| **혼인점**(婚姻占) |

이 혼인은 살기(殺氣)가 범하여 대단히 불길하니라. 장가들면 상처하고 시집가면 과부가 되느니라. 다른 곳으로 해도 마찬가지니라.

| **대인점**(待人占) |

길 가는 중에 서로 만나리라.

| **출행점**(出行占) |

객(客)이 집으로 돌아가는 것은 길하나 다른 곳은 불길하리라. 한 번 나가면 돌아오기 어렵도다.

| **실물점**(失物占) |

이 물건은 얼굴에 흉 있는 사람이 가져갔으니 남쪽에서 찾으면 3일 내로 찾으리라.

| **매매점**(賣買占) |

진술일(辰戌日)은 길하고, 인묘일(寅卯日)은 불길하도다. 땅이 아니면 큰 이익이 없으니 매매하지 말라.

경영점(經營占)

바깥으로 분주히 돌아다니니 어려운 일은 많고 좋은 일은 적도다. 남쪽이 좋으며 여름철에 일을 도모하라.

가택점(家宅占)

집안에 방탕한 사람이 있어 불안하고, 재물도 손해 보며 사람도 떠나리라. 덕을 닦아 재앙을 소멸하라.

사람 찾는 점[尋人占]

남은 나를 의심하고 나는 남을 의심하여 일이 되지 않느니라. 가까운 시일 안에 길에서 만나리라.

계약점(契約占)

쥐띠나 말띠인 사람이 아니면 계약하지 말라. 남쪽에서 우연히 오는 사람과 약속하면 길하니라.

신수점(身數占)

봄철이 대단히 불길하니 우환과 질병을 조심하라. 여름에는 평탄하고 가을에 형제에게 액이 있으며, 겨울철에 자손이 사망하기 쉬우니라.

일 년 운수가 좋지 않은 사람이 음해하며 재물이 흩어지고 집안이 불안한데 만일 승복을 입으면 재앙이 사라지리라.

53. 산풍고(山風蠱)

세 벌레가 물건을 해롭게 하는 괘요,
악한 일이 오래가지 못하는 상이라.

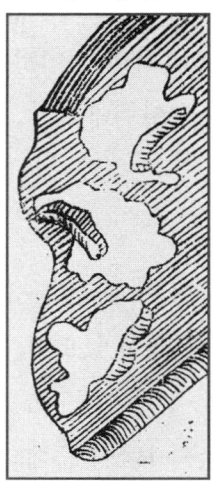

| 괘상(卦象) |

　미색을 가까이하면 마음이 상하여 장부의 마음이 없어지는데 비하건대, 누에가 뽕잎을 점점 갉아먹는 상이라.

| 하늘점[天時占] |

　비는 오지 않고 바람만 부는데 오미일(午未日)에 맑다가 또 먹구름이 몰려와 비가 오려고 하느니라.

| 재수점(財數占) |

　여자를 멀리해야 바랄 것이 있는데 축미일(丑未日)에 길인이 도우리라. 여자를 가까이하면 재수(財數)도 없고 근심도 떠나지 않느니라.

| 벼슬점[求仕占] |

　처음에는 공이 없으나 다시 구하면 서남방으로 용띠나 닭띠인 사람을 만나 대길하고 이름을 날리리라.

| 송사점(訟事占) |

　세 사람이 중간에서 해롭게 하니 송사가 길어지느니라. 그러나 재판에서 이기리라. 몸에 재앙은 있도다.

| 병점(病占) |

　배가 부르고 종기가 난 병이라. 몸에 열이 나서 쉽게 낫지 못하도다. 아이의 병이면 살지 못하리라.

| 태점(胎占) |

　아이가 남녀를 막론하고 장수하지 못하고 해산한 후로 집안이 불안하고 병이 많으리라.

| 혼인점(婚姻占) |

　설왕설래하다가 성사가 될듯한데 중간에서 병든 사람이 희롱하여 결국 되지 않느니라.

| 대인점(待人占) |

　동쪽으로 멀리 가 돌아오기 쉽지 않도다. 소식도 없으니 기다리지 말라.

| 출행점(出行占) |

　세 사람이 동행하는데 길에서 횡액이 있고 재물도 손해 보리니 동하지 말라.

| 실물점(失物占) |

　서쪽에서 온 여자가 가져갔는데 찾기 어려우리라.

| 매매점(賣買占) |

조심하고 삼가하라. 흉인이 음해하니 그 해를 보리라. 한 번 그릇되면 다시 바로잡기가 쉽지 않으니 아무것도 하지 말고 길한 때를 기다려 움직이라.

| 경영점(經營占) |

운수가 불길하여 매사에 좋은 일은 없고 근심되는 일뿐이라. 홀로 앉아 한탄하는 상이니 선심을 베풀어 액을 면하라.

| 가택점(家宅占) |

집의 출입문이 손상되었으니 다시 고치라. 식구가 줄고 상복을 입으리라.

| 사람 찾는 점[尋人占] |

빨리 찾으려고 하지 않으면 인묘일(寅卯日)에 자연히 보리라.

| 계약점(契約占) |

문서가 분명하지 않고 말이 서로 다르니 무슨 일이 되리오. 여자의 말로 억지로 약속하면 관재가 일어나 형벌을 당하고 크게 욕을 보리라.

| **신수점**(身數占) |

　금년은 술 먹지 말고 여자도 가까이하지 말라. 횡액이 있고 손재수(損財數)도 있으니 망녕되어 움직이면 대흉하며 승복을 입을 수라. 병이면 고치기 어렵고 자손의 액이 있도다.

　봄철은 무슨 일을 경영하지 말고, 여름에는 길하며 가을에 병을 조심하라. 겨울에 아이와 부인에게 놀라는 일이 생기느니라. 일 년 수가 길함은 적고 흉함은 많으니 원행하지 말라. 돌아오기 어려우니라.

54. 산수몽(山水夢)

주옥(珠玉)을 깊이 감춘 괘요,
만물은 비로소 발(發)하는 상이라.

卦 蒙 水 山

괘몽슈산

| 괘상(卦象) |

　월하(月下)에 아름다운 인연을 좋아하여 사랑이 지나쳐 덕을 손상하니 그릇된 것을 깨닫고 마음을 고치면 흉함이 길함으로 변하는 상이라.

| 하늘점[天時占] |

　구름이 덮여 비가 내릴듯하다가 자오일(子午日)에 다시 맑으리라.

| 재수점(財數占) |

　7, 8월이나 신유일(申酉日)에 재물을 얻는데 손해 볼 징조도 있어 한 번은 이익이고, 한 번은 손해 볼 상이라. 힘만 들고 재수(財數)는 적으리라.

| 벼슬점[求仕占] |

　일이 반복되어 복잡만 하니라. 여자의 소개니 어찌 쉬울 손가.

| 송사점(訟事占) |

　관액은 없으나 일이 속히 처결되지 않으니 근심이라. 이 송사는 힘이 비슷하니 쥐띠나 말띠인 귀인을 얻어야 길하리라.

| 병점(病占) |

　병이 심하지도 않고 낫지도 않으며 목구멍이 아프고 마음이 답답하며, 눈이 침침하고 식욕을 잃어 먹지 못하느니라. 대주(大主:호주)의 병이면 죽지는 않으나 병이 오래가리라.

| 태점(胎占) |

　사내아이는 길하고, 여자아이는 불길한데 해산하기 전에 병살(病殺)을 조심하라. 객귀(客鬼)가 침범하나 방비하면 길하리라.

| 혼인점(婚姻占) |

　중매가 마땅치 않아 혼인이 무산되니라. 여자가 자식도 있어 혼인이 안되고 길한 것이 없도다.

| 대인점(待人占) |

　이 사람이 있는 곳을 떠나 서쪽으로 가서 보기 어려우리라.

| 출행점(出行占) |

　나가지 말라. 경영하는 일이 되지 않아 한숨만 나오고, 움직이면 재물에 손해가 있고 재앙도 생기느니라.

| 실물점(失物占) |

　집안에 있으며 남쪽 방향으로 물건이 있어 3일 내로 찾으리라.

| 매매점(賣買占) |

조용히 매매하면 길한데, 사방으로 소문내면 이익도 없고 구설만 생겨 흉하리라.

| 경영점(經營占) |

일을 성취하고 아니함은 그만두고 의심이 가득하여 결단하지 못하는데 오랜 후에 바른 사람의 설명을 듣고 바야흐로 결심하리라.

| 가택점(家宅占) |

이 집은 자손은 번창하는데 재물은 많지 않느니라. 집이 이상하게 되어 있으니 다시 고치고 남쪽으로 문을 내라.

| 사람 찾는 점[尋人占] |

동쪽으로 멀리 갔으니 아무리 찾으려고 하나 보지 못하리라.

| 계약점(契約占) |

두 사람의 의견에 맞지 않아 의심만 있어 불길한데 남의 음해까지 입으리라.

| 신수점(身數占) |

1, 2월은 몸이 피곤하고, 3월은 집을 떠나리라. 4, 5월에는 운

수가 평탄하고, 6월은 문서로 복잡한 일이 아니면 부모에게 병이 생기며, 7, 8월은 서쪽의 원숭이띠나 닭띠인 길인과 재물을 얻는 일을 하라.

　겨울철에는 구설이 요란하니 조심하지 않으면 관재가 있고 집안도 불안한데 형제 중에 길인이 있으니 도움을 청하라. 그러면 자연히 무사하리라.

55. 중간산(重艮山)

바다에서 노는 고기가 그물을 피하는 괘요,
예를 지키고 변동하지 않는 상이라.

괘상(卦象)

천하 만물이 제각기 이름이 있고 흥하고 망하는 것이 다 때가 있음이라. 수신제가(修身齊家)하고 삼강오륜(三綱五倫)을 지키고 있으면 부귀공명을 구하지 않아도 오는 상이라.

하늘점[天時占]

날이 흐리다가 큰 바람이 분 후에 3일 내로 맑으리라.

재수점(財數占)

돼지띠나 쥐띠인 사람과 북쪽에서 일을 도모하면 대길하고 가을과 겨울에 수중에 천금을 희롱하리라. 여름철은 불길하니라.

벼슬점[求仕占]

관인(官人)은 한 달을 지체하다가 북쪽으로 이직하여 멀리 행하리라. 7월이 대흉하니 조심하라.

송사점(訟事占)

작은 일이 크게 되어 송가까지 가나 수십일 내로 다 흩어지리라. 재물로 생긴 일이거나 아이로 인한 일이라.

| 병점(病占) |

오래된 병이면 황천길이 가깝고, 며칠 안 된 병이면 2~3일 내로 나으리라.

| 태점(胎占) |

신일(申日)에 순산하고 득남하나 산모에게 병이 생기면 고치기 어렵고, 아이는 장수하니라.

| 혼인점(婚姻占) |

비록 점잖은 사람이 중매하나 혼인하지 못하는데 여자의 사주가 좋지 못하느니라. 남자는 장부의 기상이 있으나 여자가 부족하니 다른 혼처를 알아보라.

| 대인점(待人占) |

즉시 오지 못하니 높은 산을 넘고 물을 건너 위태하고 험한 일을 많이 겪고 미신일(未申日)에 간신히 돌아오리라.

| 출행점(出行占) |

집을 지키고 움직이지 말라. 운수가 좋지 못하니 고집을 세워 멀리 가면 은인이 원수가 되고 흉한 액이 심하며 몸까지 상하리라.

| 실물점(失物占) |

아이의 장난인데 동북쪽에서 여자에게 물으라. 2~3일 내로 찾지 못하면 어려우리라. 도둑이 또 있으니 다른 물건도 조심하라.

| 매매점(賣買占) |

일이 성사는 되나 이익이 적으리라. 겨울철이나 해자일(亥子日)에 매매하면 대길하고 귀인이 도와 천금을 얻으리라.

| 경영점(經營占) |

무슨 일이든지 할 때에는 전후를 보고 해야 하는데 그렇지 않고 쓸데없는 데에 힘을 쓰니 후회가 많으리라.

고집만 세우고 남의 말을 듣지 않으니 망동하지 말고 분수를 지키면 돼지띠나 쥐띠인 귀인을 만나 복록이 생기리라.

| 가택점(家宅占) |

길이 바르지 않고 문이 한 쪽으로 기울어졌으니 집안 어른이 불편하고 남녀 간에 서로 원망하는 일이 많으리라. 이사하면 길하리라.

| 사람 찾는 점[尋人占] |

서남쪽에 있으나 일정한 곳이 없이 돌아다니니 찾기 어려우니라.

| 계약점(契約占) |

　동서 사방으로 일정한 일이 없이 바쁘기만 하니 무엇을 해야 좋을지 갈팡질팡 하도다. 일도 시원치 않고 계약도 불길하니 되지 못하리라.

| 신수점(身數占) |

　천년을 수도(修道)하나 여의주를 얻지 못하였으니 변화가 없도다. 하루아침에 여의주를 얻으면 천상천하에 무궁한 조화를 부리느니라.

　금년에 벼슬하면 고관대작이 되고 그 권세가 천하에 진동하나 그렇게 안 되면 오히려 1, 2월에 병이 생기고 걱정, 근심으로 날을 새리라.

　예를 지키고 망동하지 말라. 움직이면 혈혈단신이 되어 외로우리라.

56. 산지박(山地剝)

사방이 요란하니 전쟁이 난 괘요,
군자는 피하고 소인이 성한 상이라.

卦剝地山

괘박디산

| 괘상(卦象) |

　암탉이 새벽에 우니 상하가 어지럽고, 음양이 때를 잃으니 만물이 고르지 않고 한서(寒暑)가 차례를 어긴 상이라.

| 하늘점[天時占] |

　비가 오고 맑은 것이 분명하지 않으니 천기(天氣)를 난측이라. 묘유일(卯酉日)에 맑으리라.

| 재수점(財數占) |

　두 사람과 같이 한 가지를 구하면 인묘일(寅卯日)에 어렵게 이익은 되나 혼자 구하면 해는 없으나 별 이익이 안되느니라.

| 벼슬점[求仕占] |

　벼슬에 있는 사람은 파직당하기 쉽고, 새로 구하는 사람은 이름을 사방에 떨치나 실속이 없으니 공든 탑이 하루아침에 무너지는 것이라.

| 송사점(訟事占) |

　재물로 인하여 다투어 송사까지 됐는데 잠시 액이 있으나 소송에서 이기고 자오일(子午日)에 일이 흩어지리라.

| 병점(病占) |

이 병은 냉증(冷症)으로 인한 병인데 배가 아프고 아래가 냉하느니라. 돼지띠나 쥐띠인 의원을 청하여 약을 먹으면 5~6일 내로 나으리라.

양기(陽氣)가 부족하니 몸을 보하라.

| 태점(胎占) |

이 아이는 열 달이 차지 않아 세상에 나오니 오행이 부족하여 단명하고 모습만 사람이니라.

| 혼인점(婚姻占) |

이 혼인으로 싸움이 나니라. 여자도 박복하여 과부가 되고, 남자는 처덕이 없어 재취할 괘라.

| 대인점(待人占) |

세 사람이 동행하여 오다가 한 사람은 몸이 상하고, 두 사람은 서로 사이가 좋지 않아 중간에서 지체되는데 결국 오지 않느니라.

| 출행점(出行占) |

원숭이띠, 닭띠인 사람과 동행하면 대길하고 남쪽으로 가면 재수 있고 길인을 만나리라.

| 실물점(失物占) |

이 물건이 가운데에 있으니 세 번째 집의 사람과 같이 찾으라. 당일 찾지 못하면 어려우니 속히 찾으라.

| 매매점(賣買占) |

얼굴이 검은 사람이면 매매하고 남쪽 사람이면 불길하니라. 동방의 귀인이 도우니 신일(申日)을 기다려 매매하라.

| 경영점(經營占) |

문서로 일을 하지 말고 재물을 바라지 말라. 남의 힘으로 성사 되는데 4, 5월에 기쁜 소식을 들으리라.

| 가택점(家宅占) |

집안의 처와 첩이 화합하지 못하여 요란하니 매사에 불길하고 식구가 서로 이별할 수라. 재앙은 오고 복은 가느니라.

| 사람 찾는 점[尋人占] |

나를 피하여 남쪽으로 가 숨었으니 여인을 보내어 찾으라. 해일(亥日)에 찾지 못하면 종적을 알 수가 없어 다시 보지 못하느니라.

계약점(契約占)

세상일이 다 인연을 따라 되는 것이라. 겉으로 좋은 듯하나 안으로는 불측한 마음이 있으니 약속하지 말라. 흉하느니라.

신수점(身數占)

금년 수는 불길하도다. 집안에 좋지 않은 일이 있고 처첩이 서로 다투느니라. 9월이 되면 재물이 흩어지고 사람이 떠나며 직업도 없어지니라. 집을 버리고 북쪽으로 몸을 피하면 화를 면하지만 그렇지 않으면 패가망신할 수라. 만사에 이로움은 없고 재앙만 끊이지 않도다.

봄에는 길하고 여름은 평탄하나 불길한 일이 생기기 시작하여 겨울까지 이어지느니라.

57. 지천태(地天泰)

산과 들에서 농사하는 괘요,
백곡이 풍성한 상이라.

| 괘상(卦象) |

봉새가 구슬을 머금고 흰 구름 사이로 날아오름이요, 대장부가 어진 임금을 만나 경륜을 펼치니 천하가 태평성대를 누리는 상이라.

| 하늘점[天時占] |

비는 오지 않고 구름만 약간 끼다가 조만간 청명하리라.

| 재수점(財數占) |

일은 되지만 재수(財數)는 없도다. 천금(千金)이 눈에는 보이는데 수중에 들어오지는 않으니 세 사람과 같이 하면 길하리라.

| 벼슬점[求仕占] |

여러 명의 귀인이 도우니 1, 2월이나 해자일(亥子日)에 벼슬에 오르고 집안에 녹(祿)이 가득하리라.

| 송사점(訟事占) |

이기지 못하고 관재가 있도다. 빨리 처결도 되지 않으니 원숭이띠나 닭띠인 사람을 만나야 길하리라.

| 병점(病占) |

　요새 생긴 병이면 고치기 어렵고 오래된 병이면 의사를 잘 만나 곧 나으리라.

| 태점(胎占) |

　아무 일이 없이 귀자를 낳으리라. 이 아이로 인해 집이 점점 늘고 큰 경사가 일어나도다. 집안이 광채로 빛나리라.

| 혼인점(婚姻占) |

　혼인은 성사가 되나 둘 다 재혼하는 상이라. 그렇지 않으면 혼인하고 별거하거나 이혼하리라.

| 대인점(待人占) |

　벌써 움직였으니 묘유일(卯酉日)에 오리라. 남쪽에서 오는 사람이면 중도에서 놀라운 일을 보았으리라.

| 출행점(出行占) |

　길인을 만나게 되니 같이 동행하라. 만사가 길하며 재수가 많고 권세도 쥐게 되느니라. 귀인이 사면(四面)에서 도우니 봄바람이 한 번 불매 백화가 만발함이라.

| 실물점(失物占) |

이 물건은 도둑 당한 것이 아니라 잘 간직하지 못하여 잃은 것이라. 물가나 정북쪽으로 찾으면 당일 찾으리라.

| 매매점(賣買占) |

적은 것은 가고 큰 것은 오니 장사에 큰 이익을 얻느니라. 귀인이 북쪽에서 도우니 돼지띠나 쥐띠의 사람이라. 겨울에 만금을 얻을 수라.

| 경영점(經營占) |

작은 일을 경영하다가 큰일이 생기니라. 가을과 겨울에 횡재하고 이름을 널리 떨치느니라.

| 가택점(家宅占) |

집안에 구설이 분분하고 병이 있으니, 이는 귀신의 장난이라. 동쪽으로 가서 신령님께 기도하면 무사하니라.

| 사람 찾는 점[尋人占] |

서쪽으로 멀리 갔으니 찾지 말라. 사오일(巳午日)이면 소식을 들으리라.

| **계약점**(契約占) |

나는 약하고 저 사람은 강하니 힘을 빌어야 하느니라. 즉시 계약하라.

| **신수점**(身數占) |

천양지음(天陽地陰)이 사시(四時)를 번갈아 오게 하니 백곡이 풍성하고 만물이 활발하니라. 천지가 서로 합하니 혼인이 대길하니라. 몸에 녹(祿)을 띠었으니 벼슬을 하리라.

1, 2월에 벼슬에 오르지 못하면 몸이 곤하고, 3, 4월은 남쪽에서 귀인을 얻고, 5, 6월은 재물이 생기지 않으면 아름다운 여인과 친하게 지내느니라.

7, 8월에는 집을 이사하지 않으면 멀리 가게 되고, 9, 10월은 북쪽에서 횡재하여 금과 옥이 집안에 가득하리라. 겨울철은 집안이 편안하리라.

58. 지택림(地澤臨)

봉황이 태평성대를 만나 세상에 내려온 괘요,
용이 바다에서 왕이 되는 상이라.

卦臨澤地

지택림괘

| 괘상(卦象) |

　어진 임금이 성덕(聖德)으로 억조창생을 다스림이오, 청운에 높이 올라 삼강오륜을 밝히니 천하가 질서 있는 상이라.

| 하늘점[天時占] |

　한점의 먹구름도 없고 바람도 잔잔하게 부니 천지가 명랑하고 날이 온화하니라.

| 재수점(財數占) |

　두 가지 재수(財數)의 일이 있으니 한 가지는 오미일(午未日)에 큰 재수가 있고 또 한 가지는 당장은 아니지만 장래에 큰 이익을 얻을 일이라.

| 벼슬점[求仕占] |

　묘유일(卯酉日)에 벼슬길에 올라 높은 직책을 맡아 이름을 날리고 국가의 동량이 되리라.

| 송사점(訟事占) |

　세 사람의 일인데 소송에서 이기리라. 그러나 남을 속이지 말라. 일도 안되고 스스로 상(傷)하게 되며 해(害)를 보리라.

| 병점(病占) |

이 병은 술로 인해 난 병이라. 풍기(風氣)가 크게 있어 한열(寒熱)이 생겼다 없어졌다를 반복하고 꿈이 산란하며 미친 말을 하니 속히 낫기가 어려우니라. 서방으로 원숭이띠나 닭띠인 의사를 청하여 약을 먹으면 얼마 안 있어 나으리라.

| 태점(胎占) |

봄이나 여름이면 귀자를 낳고, 가을, 겨울이면 여자아이를 낳는데 부처님 공부를 하면 대길하리라.

| 혼인점(婚姻占) |

인연이 깊은 배필이라. 비록 중간에서 훼방하나 다시 합하니 복록이 많고 부귀공명 하리라.

| 대인점(待人占) |

이 사람이 동했으니 누구와 같이 오리라. 해일(亥日)에 돌아오나 말이 거칠어 구설이 요란하도다. 그러나 곧 서로 화해하느니라.

| 출행점(出行占) |

출행하면 대길하여 만사가 여의하니라. 동행하는 사람이 중간에 다른 곳으로 가지만 의심할 일이 없으리라.

| 실물점(失物占) |

　이 물건은 도둑 당한 것이 아니니 세 사람과 같이 찾으면 사해일(巳亥日)에 찾으리라. 집안에 없고 남의 집에 있느니라.

| 매매점(賣買占) |

　두 사람이 합심하니 큰 이익을 얻으리라. 해묘일(亥卯日)에 북방에서 길인이 오는데 언행이 순하고 일을 많이 도와주느니라.

| 경영점(經營占) |

　춘하추동 네 계절이 다 길하니 무슨 일이든지 경영하라. 벼슬을 구하면 녹(祿)이 후하고 장사를 하면 이익이 많으리라.

| 가택점(家宅占) |

　집안에 다른 성씨의 사람이 있거나 구설과 병이 있으리라. 서방으로 부처님께 기도하면 무사하리라.

| 사람 찾는 점[尋人占] |

　급히 찾지 말고 천천히 찾으면 인해일(寅亥日)에 보는데 이 사람이 북쪽으로 60리나 6리쯤 가 있으리라.

| 계약점(契約占) |

　피차에 이익이 많으니 시종이 여일하도다. 돼지띠나 토끼띠인

사람이 대길하고 남쪽만 피하여 일을 하면 길하리라.

| 신수점(身數占) |

금년 수는 천을귀인(天乙貴人)이 돕는 상이라.

벼슬하는 사람은 품직이 오르고 상인은 큰 이익을 보며 10, 11월에 횡재하고 혼인하면 대길하니라.

1, 2월에 이름을 널리 떨치고, 3, 4월은 원행이 길하며, 5, 6월에는 아무것도 하지 말라. 7, 8월은 자손의 경사가 있으며, 9, 10월은 복록이 많아 집안이 빛나도다. 귀인이 멀리에서 오니 만사가 대길하니라.

59. 지화명이(地火明夷)

기린이 성인을 기다리는 괘요,
밝음을 버리고 어두움을 취하는 상이라.

卦夷明火地

지화명이 괘

괘상(卦象)

옥이 돌 속에 묻혔으니 범인(凡人)은 알지 못하고 오직 장인(匠人)을 만나 보물이 됨이요, 대인과 군자가 세상 속에 숨으니 성군을 만나 출세(出世)하는 상이라.

하늘점[天時占]

구름이 끼어 날이 흐리다가 인묘일(寅卯日)에 맑으리라.

재수점(財數占)

신수가 불길하니 재수를 바라지 말라. 때를 어기어 구하면 돈은 생기지 않고 횡액만 있으며 걱정, 근심이 떠나지 않느니라.

벼슬점[求仕占]

쇠북소리가 사방으로 퍼지는 상이니 이름만 있고 실속이 없도다. 흉한 사람이 나를 음해하니 일도 안되고 액을 당하느니라.

송사점(訟事占)

그물에 걸린 고기가 벗어날 방도가 없도다. 천라지망(天羅地網)으로 사면이 그물과 같아 도망가도 소용이 없느니라.

| 병점(病占) |

이 병은 길에서 얻은 병인데, 귀신의 장난이니 남방으로 가 부처님께 기도하면 길하나 정해진 운명은 어찌할 수 없느니라.

| 태점(胎占) |

여자아이를 낳는데 산모가 놀라 병이 있으리라. 모녀가 다 불길하니 북두칠성께 기도하면 액을 면하리라.

| 혼인점(婚姻占) |

여자가 얼굴이 흉하고 위인이 변변치 못하니 불길하고 서로 화합도 잘 되지 않느니라.

| 대인점(待人占) |

이 사람은 나의 귀인이니 어려운 일을 다 도와주느니라. 인묘일(寅卯日)에 오는데 10일 안에 오리라.

| 출행점(出行占) |

일이 있어 갈 듯하다가 가지 않느니라. 길에 액이 있어 문을 나서면 대흉하니라.

| 실물점(失物占) |

집안에 있는데 옷 속이나 다른 곳에 있도다. 찾기 어려우니라.

음험한 사람이 동하였으니 또 실물수(失物數)가 있느니라.

| 매매점(賣買占) |

가만히 있는데 놀라고 손해 보는 일이 생기느니라. 처음부터 망동하지 말고 물건을 잘 지키고 있어야 하니라.

| 경영점(經營占) |

부귀빈천에 다 때가 있으니 천리를 거스르지 말고 마음을 닦아 길한 때를 기다리라. 그렇지 않으면 좋은 일은 없고 고통이 많으리라.

| 가택점(家宅占) |

집안이 소란하며 걱정과 근심이 떠날 날이 없으니 식구가 줄고 이사하리라.

| 사람 찾는 점[尋人占] |

사람을 만나지는 못하고 신유일(申酉日)에 소식은 들으리라. 내가 일이 많아 찾기가 쉽지 않으니라.

| 계약점(契約占) |

상대편 사람의 말이 횡설수설하니 일이 어찌 잘 되겠는가. 인정에 매여 계약하지 말라. 결국 불화하여 시비하니라.

| 신수점(身數占) |

　호랑이가 함정에 빠지고 고기가 그물에 걸리는 상이라.

　일 년 수가 흉한 것은 많고 길함은 적은지라, 문을 닫고 마음을 닦은 후에 귀인을 만나 발복하리라.

　봄에 병이 들지 않으면 관액을 당하니 조심하고 여름에도 그러하니 서쪽으로 몸을 피하면 길하며, 가을에는 평탄하고, 겨울에 길하여 재앙이 사라지고 복록이 오리라. 금년에 몸을 상하기 쉬우니 조심하라.

60. 지뢰복(地雷復)

땅을 파다가 금을 얻은 괘요,
원행(遠行)했던 사람이 돌아오는 상이라.

지뢰복괘

| 괘상(卦象) |

더위가 가면 추위가 오고 겨울이 가면 봄이 돌아옴이라. 사람도 고생하면 낙이 오고 빈천하면 부귀가 다시 오는 상이라.

| 하늘점[天時占] |

일기(日氣)가 고르지 못하여 잠시 비 오다가 잠시 개기를 몇 번 하다가 신유일(申酉日)에 청명하리라.

| 재수점(財數占) |

처음에는 일이 반복되고 하여 일이 성사되지 못하다가 일이 되어 큰 재물을 얻으리라. 소띠나 양띠인 사람에게 해를 입으니 그 사람과 관계를 갖지 말라.

| 벼슬점[求仕占] |

벼슬이 나를 돕지 않고 내가 벼슬을 돕는 격이라. 힘만 들고 결과는 없으니 구하지 말라.

| 송사점(訟事占) |

여러 사람이 관계된 일인데 관액은 없으나 소송이 끝나지 않도다. 서너 차례 반복되고서 길하리라.

| 병점(病占) |

이 병은 측량할 수 없는 병이니 나은 것 같다가도 다시 아프고 하는데 돼지띠나 쥐띠인 의사의 약을 쓰라. 오미일(午未日)부터 차도가 있으리라.

| 태점(胎占) |

사내아이를 낳거나 쌍둥이이기 쉬우니라. 아이가 장수하고 산모도 건강한데 이 아이에게 다른 부모를 정해주면 길하니라.

| 혼인점(婚姻占) |

혼인이 안 될 듯하다가 성사되리라. 신부가 키가 크고 기골이 장대하며 성격이 남자 같으나 유복한 여자니라.

| 대인점(待人占) |

오다가 중간쯤에서 오지 않고 있으나 축미일(丑未日)에 남쪽에서 오리라.

| 출행점(出行占) |

북쪽을 향하여 가다가 중간에 서남쪽으로 가라. 혼자 가면 불길하고 한두 사람과 동행하면 길하니라.

| 실물점(失物占) |

이는 자기가 잘못하여 잃은 것이라. 동쪽으로 빨리 찾으라. 당일 찾지 못하면 2~3일 내로 찾으리라.

| 매매점(賣買占) |

매매는 되지만 시비가 있으니 여인과 의논하면 구설이 없어지고 이익이 많으리라. 해자일(亥子日)에 약속하라.

| 경영점(經營占) |

가을, 겨울에 대길하니 서북쪽에서 일을 하라. 귀인을 만나 재수 대통하고 여인 중에 도울 사람이 있으리라. 먼 곳에서 좋으니 원행하면 길하도다.

| 가택점(家宅占) |

집이 요란하여 식구가 흩어졌다가 다시 합하니라. 구설과 병이 집안에 있는데 지덕(地德)이 좋지 않으니 이사하면 길하리라.

| 사람 찾는 점[尋人占] |

내가 일이 많아 못 움직이니 찾지 못하리라. 남은 소용이 없고 내가 움직이면 곧 찾으리라.

| 계약점(契約占) |

귀인과 서로 만나니 안될 일이 무엇인고.

| 신수점(身數占) |

재앙은 소멸하고 복록이 날로 오느니라. 봄과 여름에는 일이 평탄하고 반복하지만 끝내 길하며, 구설이 있으나 다 없어지리라.

가을에 우연히 귀인을 만나 서북쪽에서 큰일을 경영하여 겨울에 만금을 손안에서 희롱하고 이름을 떨쳐 신수 대통하리라. 금년 수가 멀리 가면 권세가 생기고 대길하리라.

61. 지풍승(地風升)

백천 강물이 흘러 바다로 가는 괘요,
작은 것이 모여 큰 것을 이루는 상이라.

卦升風地

괘승풍디

괘상(卦象)

아래에서 높은 곳으로 나아가고, 작은 것부터 시작하여 큰 것을 이룸이오. 햇볕과 비가 적당하여 너른 천지에 만민이 격양가(擊壤歌)를 노래하는 상이라.

하늘점[天時占]

오미일(午未日)이 되어야 비가 그치고 바람도 쉬리라.

재수점(財數占)

남쪽으로 뱀띠나 말띠인 귀인을 만나 얘기를 오래 한 후에 작은 일을 경영하다가 큰 이익을 보리라.

벼슬점[求仕占]

기묘일(己卯日)에 이 점을 얻으면 길하나 그 외는 다 불길하도다. 벼슬에 인연이 없으니 부질없이 애쓰며 구하지 말라.

송사점(訟事占)

이 송사는 곧 화해하리라. 두 사람의 마음이 서로 해하고자 않으니 상황을 잘 판단하여 시비하지 말라.

| 병점(病占) |

병이 중하지 않으니 약을 먹으면 사오일(巳午日)에 곧 낫느니라. 음식을 과하게 먹은 탓이로다.

| 태점(胎占) |

여자아이를 낳는데 집을 고치거나 문을 다시 내지 말라. 산모에게 좋지 않고 병이 생기리라. 아이는 장수하지 못하고 발전이 없으리라.

| 혼인점(婚姻占) |

혼처가 두 군데라 다투고 시비한 후에 성사되니라. 20살이 넘은 여자와 혼인하라.

| 대인점(待人占) |

기다리는 사람이 나와 같은 지위이기 때문에 서로 마음이 통하는 사이라. 축미일(丑未日)이나 자오일(子午日)에 오리라.

| 출행점(出行占) |

원행은 동남쪽으로 길하나 움직이지 말고 집에 있는 것이 좋으리라. 4, 5월에 녹(祿)을 띤 귀인이 스스로 도우리라.

| 실물점(失物占) |

작은 것이면 방 안에 있고, 큰 것이면 서북쪽으로 찾으라. 2~3일 내로 찾으리라.

| 매매점(賣買占) |

천금의 이익을 보는 괘라. 오미일(午未日)에 약속하면 작은 일이 변하여 큰 이익을 얻으리라.

| 경영점(經營占) |

3월부터 재수 대통하니 벼슬을 구하지 말고 영업을 하라. 여름과 가을에 재수가 대길하며 만사여의하고 금옥이 가득 쌓이리라. 여인을 삼가하라. 7월에 그 해를 입으리라.

| 가택점(家宅占) |

집안에서 쓰는 사람을 호랑이띠나 토끼띠인 사람을 두지 말고 철물을 들이지 말라. 자손이 불길하고 재앙이 생기는데 집안의 터줏대감께 고사를 지내면 꿈이 산란하지 않고 집안이 태평해지느니라.

| 사람 찾는 점[尋人占] |

타인과 동행하지 말고 내가 혼자 북쪽으로 찾아야 보리라. 그러나 움직이지 못할 일이 생기니 축미일(丑未日)을 기다려 동하라.

계약점(契約占)

　가뭄 끝에 바람이 불고 단비가 내리니 만물이 싱싱하여 새로워지는 상이라. 두 사람의 마음이 합하니 만사가 길하리라.

신수점(身數占)

　1, 2월은 부인에게 병이 있고, 3월은 소화가 안돼 몸이 불편하며, 4, 5월에는 용이 여의주를 얻어 만리장천에 조화를 부리는 상이라. 운수가 왕(旺)하니 모든 일에 뜻을 두라.
　6, 7월에 원행하면 대길하고, 8월은 구설을 조심하라. 10, 11월에는 자손의 근심이 있고 미인의 소식을 들으리라.
　겨울철은 부모가 건강하시고 집안이 태평하도다. 금년 신수가 관직에 있는 사람은 품직이 오르고 평범한 사람은 발복하리라.

62. 지수사(地水師)

평지에 용마(龍馬)가 난 괘요,
호걸이 무리를 거느리는 상이라.

卦師水地

괘사슈디

| 괘상(卦象) |

　천군만마를 거느리고 세상을 건질 영웅이 충성을 다하니 천하가 태평하고 비와 바람이 적당하여 성세(盛世)를 이룬 상이라.

| 하늘점[天時占] |

　바람이 순하고 일기가 청명하니라. 신유일(申酉日)에 흐리나 다시 개리라.

| 재수점(財數占) |

　재수(財數)를 구하되 용맹한 마음으로 하라. 마음이 약하면 어렵고 강하면 쉬우니 인오일(寅午日)에 큰 이익을 보리라.

| 벼슬점[求仕占] |

　남방으로 귀인이 도와 군인이나 경찰관이 되리라.

| 송사점(訟事占) |

　재물로 인하여 된 송사인데 중간에서 귀인이 도와 소송에서 이기고 재물도 손해 보지 않느니라. 겨울에 이 괘를 얻으면 돈을 쓰리라.

| 병점(病占) |

이 병은 열나고 갈증이 나며 배가 아프니 범띠나 토끼띠인 의사를 청하여 약을 먹으면 4~5일 내로 나으리라.

| 태점(胎占) |

여자아이를 낳느니라. 인묘일(寅卯日)에 낳으면 아이에게는 좋지 않고 산모는 좋으나, 신유일(申酉日)에 낳으면 산모에게 좋지 않고 아이는 좋으니라.

| 혼인점(婚姻占) |

이 신부는 장사하는 여자라. 손재주가 있고 위인이 얌전한데 점잖은 사람이 중매하여 성사되리라. 내외가 복이 많아 부귀를 누리리라.

| 대인점(待人占) |

이 사람을 기다리는 것은 재물로 기쁜 일이 있기 때문이니라. 해자일(亥子日)에 소식이 오고 진유일(辰酉日)에 오리라.

| 출행점(出行占) |

출행하는 것은 좋으나 북쪽으로는 가지 말라. 동쪽으로 가면 재수대길하고 만사가 여의하며 귀인을 만나리라.

| 실물점(失物占) |

　흉한 사람이 훔쳐 깊이 감추었으니 애쓰고 찾지 말라. 헛수고만 하리라.

| 매매점(賣買占) |

　봄, 여름, 가을 세 계절이 다 길하여 매매로 큰 이익을 얻으리라. 인오술일(寅午戌日)에 언약하는 것이 좋으니라.

| 경영점(經營占) |

　봄바람이 산과 들에 부니 모든 꽃이 만발하는 상이라. 봄과 여름에 귀인을 만나 대길한 일이 많으니라.

| 가택점(家宅占) |

　병이 있고 구설이 요란하니라. 집안에 타인이 있는데 그 사람이 떠나야 하느니라. 그렇지 않으면 불길한 일이 종종 있으리라.

| 사람 찾는 점[尋人占] |

　그 사람이 멀리 갔으니 찾지 말라. 신유일(申酉日)에 소식이 없으면 올 기약이 없어 다시 보지 못하느니라.

| 계약점(契約占) |

　재수(財數)에 손해는 없으나 불화하여 시비가 크리라. 두 사람

다 혈기방장하여 크게 싸우느니라.

| **신수점**(身數占) |

호랑이가 산중에서 한 번 포효하니 모든 짐승이 다 놀라는 상이라. 위엄으로 진동하고 이름이 빛나리라.

1, 2월은 벌과 나비가 꽃을 만나는 것과 같고, 3, 4월은 고기가 용문(龍門)에서 노는 상이요. 5, 6월에는 원행이 길하고 귀인이 우연히 도우리라.

7, 8월에 문서로 좋은 일이 많고, 9, 10월에는 집안에 변고가 생기니 집을 떠나야 하느니라. 11월은 처궁에 근심이 있고, 12월에 구설이 분분하나 무사하리라.

63. 지산겸(地山謙)

땅속에 산이 있는 괘요,
달이 구름에 덮인 상이라.

地山謙卦

디 산 겸 괘

| 괘상(卦象) |

만종록(萬鍾祿)을 사양하고 진세(塵世)를 떠나 명산대천에서 선도(仙道)를 닦음이라. 부귀영화를 생각하지 않고 천명(天命)을 기다리는 상이라.

| 하늘점[天時占] |

바람이 불고 하늘이 구름으로 덮였는데, 비는 오지 않고 해자일(亥子日)에 개리라.

| 재수점(財數占) |

말로만 재물을 이야기하니 실속이 없도다. 그러나 재물을 구하려 하면 일도 안되고 해(害)를 면치 못하리라.

| 벼슬점[求仕占] |

벼슬하는 사람은 사직하고 집으로 돌아가는 괘라. 무엇을 바라리오. 때를 어기어 구하면 오히려 관액이 있으리라.

| 송사점(訟事占) |

소송에서 이기고 나는 무사하지만 상대편을 손해나게 하니 그 사람이 원한을 품어 원수를 맺느니라. 덕을 닦아 은혜로 대접하라.

| 병점(病占) |

체해서 그러하니 수일 내로 나으리라. 돼지띠나 쥐띠인 의원을 청하여 약을 먹으면 곧 낫느니라.

| 태점(胎占) |

이 해산은 여러 번째라. 사해일(巳亥日)에 여자아이를 낳고 산모도 건강하여 젖이 많지만 아이를 기르지 못하느니라.

| 혼인점(婚姻占) |

여자가 음탕하여 간부(姦夫)가 있으리라. 두 사람이 중매하나 불길하고 결혼하면 변괴가 있을 것이니 조심하라.

| 대인점(待人占) |

그 사람이 시비가 붙어 관재를 당하였는데 사해일(巳亥日)에 소식이 오리라.

| 출행점(出行占) |

가는 길이 평탄하고 왕래하는 것도 좋으니라. 두 사람과 동행하면 길하고 혼자 가는 것은 좋지 않느니라.

서북방은 대길하고 동남방은 그저 그렇느니라.

| 실물점(失物占) |

물건을 잃어버리고 구설이 요란하도다. 관인(官人)과 같이 찾으면 인신일(寅申日) 날 찾으리라.

| 매매점(賣買占) |

남도 내 마음 같은 줄 알고 상대편을 믿으면 불길한 일이 생기리라. 나를 믿고 남을 믿지 말아야 하느니라.

| 경영점(經營占) |

가축으로 장사하면 대길하여 부자가 되지만 그렇지 않으면 이름만 있고 실속이 없느니라. 내 몸을 살피어 망녕되게 움직이지 않는 것이 제일이니라.

| 가택점(家宅占) |

집이 산중에 있어 동네가 몇 가구 되지 않도다. 앞뒤로 산 밖에 없어 한가한 백성이니 태평을 누리리라.

| 사람 찾는 점[尋人占] |

남쪽으로 관청에 있으니 찾아도 보지 못하고 애만 쓰느니라. 진사일(辰巳日)에 소식이 없으면 다시 묻지 말라.

계약점(契約占)

그 사람의 마음이 좋지 못하고 부패를 저지를 만한 권세도 있으니 계약하지 말라. 만일 일이 잘못되어 소송으로 가더라도 내가 이길 승산은 있느니라.

신수점(身數占)

금년은 자손의 경사가 있고, 부인과 이별하거나 부인에게 중한 병이 있으리라. 1월에 원행수가 있고 2, 3월은 평탄하며, 4, 5월에 구설수를 조심하라.

8, 9월은 대길하며, 겨울철에는 재수 있고 집안이 편안하며 경사도 있으리라. 금년에 동북방으로 무슨 일을 경영하면 길하고 남방은 불길하니라.

벼슬하는 사람은 사직하라. 관액이 있으리라.

64. 중곤지(重坤地)

땅에 곡식을 심은 괘요,
임금은 어질고 신하는 충성하는 상이라.

卦坤地重

괘곤디중

| 괘상(卦象) |

천지가 명랑하니 만물이 번성하고, 현명한 재상과 충직한 장군이 임금을 보필하니 재앙은 물러가고 복록이 많은 상이라.

| 하늘점[天時占] |

진사일(辰巳日)에 비가 그치고 일월이 명랑하리라.

| 재수점(財數占) |

서남방으로 구하되 급히 하지 말고 천천히 구하면 해자일(亥子日)에 기쁜 소식이 들리리라. 돼지띠나 쥐띠인 사람을 만나야 뜻을 얻으리라.

| 벼슬점[求仕占] |

세상의 천만 가지 일이 모두 때를 인연하여 되는 법이니 억지로 구하지 말라. 힘만 들고 성사되지 않느니라.

| 송사점(訟事占) |

논과 밭 문제로 시비하는데 처음에는 크게 시비하나 점차 수그러들어서 종래는 흩어지고 마느니라.

| 병점(病占) |

체기(滯氣)로 난 병이라. 복통이 심하고 수족이 다 불편한데 며칠

되지 않은 병이면 수일 내로 낫지만 오래된 병이면 대흉하니라.

| **태점**(胎占) |

신유일(申酉日)에 사내아이를 낳는데 귀자를 얻으리라. 이 아이가 장수하고 복이 많으며, 집안을 빛내고 이름을 천하에 날리리라.

| **혼인점**(婚姻占) |

남자와 여자가 다 마땅하지만 혼인이 잘 되지 않도다. 중간에서 방해하는 사람이 있으니 급히 하지 말고 천천히 하면 필시 성사되리라.

| **대인점**(待人占) |

길에서 관액이 있어 속히 오지 못하는데 묘술일(卯戌日)에 소식을 듣고 수일 안에 돌아오리라.

| **출행점**(出行占) |

혼자 가는 것이 불길하니 동행하라. 서남방이 길하고 동북방은 대흉하고 해자일(亥子日)에 출발하라.

| **실물점**(失物占) |

이 물건이 집 밖에 있으니 북쪽으로 찾으라. 해일(亥日)에 찾지

못하면 어려우니라.

| 매매점(賣買占) |

원숭이띠나 닭띠인 사람과 얘기하면 길하고 좀 멀리에서 장사하면 큰 이익을 보리라. 봄과 겨울에 밖에서 장사하라.

| 경영점(經營占) |

가슴에 품은 뜻을 뉘라서 알리오. 때를 잃어 탄식하다가 3월 동풍에 만화방창(萬化方暢)하니 정히 군자가 일을 할 때라. 서남쪽에서 장사하면 만사가 여의하고 길인을 만나 대사(大事)를 성취하리라.

| 가택점(家宅占) |

부모가 편안히 계시고 자손이 효도를 하니 비록 불길함이 있으나 무사하고 복록이 오리라.

| 사람 찾는 점[尋人占] |

동쪽으로 멀리 갔으니 찾지 말라. 돌아오지 않느니라.

| 계약점(契約占) |

상황이 좋지 않고 두 사람이 약속도 안된 상태며 중간에 훼방하는 사람이 있으니 남의 말을 듣지 말고 서로 만나지 말라.

신수점(身數占)

고기가 바다로 돌아가고 옥이 장인을 만남이라. 금년에 수가 좋아 귀자를 낳으리라. 1, 2월은 원행이 길하고, 3, 4월에 병을 조심하라.

7, 8월에는 자손의 경사 있고 재수대길하여 횡재하며, 겨울철에 집안에 금옥이 가득 쌓이리라. 금년에 벼슬하는 자와는 인연을 끊으라. 구설이 분분하리라.

편　집　추정 최병두

엮은이　허시성(許侍聖)

- 1958년 서울 출생. 경희대 중퇴.
  홍천 수타사, 남양주 봉인사 등에서 행자 생활.
- 일산에서 寶林禪院 운영, 현재 계룡산에서 圓通道家會 운영.
- 저서 : 『붉은 화로에 눈 한 송이』
- 역서 : 『천강월(千江月)』, 『옥추보경(玉樞寶經)』

* 원통도가회에서 선(禪)을 공부하고 있으며 易學(명리학, 육효)을 지도하고 있습니다. 명리학과 육효는 4개월 과정입니다.
* 옥추보경, 역학 강의 동영상 판매합니다.

　　주소 : 대전 유성 계룡산 근처
　　H·P : 010-9278-2326
　　E-mail : okchoo1@naver.com
　　블로그 : blog.naver.com/okchoo1

발간사　정연 스님

　　주소 : 경기도 용인 인해선원 주지스님
　　H·P : 010-9859-3737

唐畵周易
당 화 주 역

초판 인쇄　2018년 4월 20일
초판 발행　2018년 4월 25일

엮은이 ｜ 허시성
발행자 ｜ 김동구
발행처 ｜ 명문당(1923. 10. 1 창립)
주　　소 ｜ 서울시 종로구 윤보선길 61(안국동)
　　　　　우체국 010579-01-000682
전　　화 ｜ 02)733-3039, 734-4798(영), 733-4748(편)
팩　　스 ｜ 02)734-9209
Homepage ｜ www.myungmundang.net
E-mail ｜ mmdbook1@hanmail.net
등　　록 ｜ 1977. 11. 19. 제1~148호

ISBN 979-11-88020-35-5 (13150)
20,000원

* 낙장 및 파본은 교환해 드립니다.
* 불허복제